UNE OUBLIÉE

MADAME COTTIN

D'APRÈS SA CORRESPONDANCE

PAR

ARNELLE

AVEC DEUX GRAVURES

PARIS

LIBRAIRIE PLON

PLON-NOURRIT et Cie, IMPRIMEURS-ÉDITEURS

8, RUE GARANCIÈRE — 6^e

1914

UNE OUBLIÉE

MADAME COTTIN

D'APRÈS SA CORRESPONDANCE

MADAME COTTIN

D'après un dessin de Chafelat, gravé par Migneret

UNE OUBLIÉE

MADAME COTTIN

D'APRÈS SA CORRESPONDANCE

PAR

ARNELLE

AVEC DEUX GRAVURES

PARIS

LIBRAIRIE PLON

PLON-NOURRIT ET Cie, IMPRIMEURS-ÉDITEURS

8, RUE GARANCIÈRE — 6^e

1914

Tous droits réservés

MME COTTIN

D'APRÈS SA CORRESPONDANCE

I

Mme Cottin, depuis sa mort, n'a pas occupé
l'opinion à l'égal de certaines de ses contem-
poraines à la fin du dix-huitième siècle ou
au commencement du dix-neuvième? Mme de
Staël, Mme Roland, Mme d'Agoult (Daniel
Stern), pour ne parler que des plus connues.
Pis que cela, vers 1880, une grande partie
de la jeunesse ignorait jusqu'à son nom, bien
que ces jeunes gens et ces jeunes filles fussent
censés avoir appris la littérature française.

Cependant il est question d'elle dans tous les
dictionnaires biographiques, sans parler de divers
articles de revues, dont le dernier date de 1888,

et des notices de ses éditeurs. Mais, comme on ne la lit plus, ce n'est pas là qu'on aurait été la chercher. Nous n'allons d'ailleurs en citer que les principaux.

De ces éditions, il semble qu'il n'y ait presque rien des toutes premières, parues en 1798, 1800, 1802, 1805, 1806, qui probablement ne devaient pas être d'un grand nombre d'exemplaires. La plus ancienne, par Coignet, se trouve à la bibliothèque de l'Arsenal et n'a qu'un volume. Il y en a aussi dans quelques bibliothèques particulières.

Des notices accompagnant ses œuvres, les unes honnêtement ternes, comme celle de Petitot, dans l'édition Foucault de 1820, s'étendent surtout sur les ouvrages et disent peu de chose de la vie de l'auteur.

Auguis, dans son avant-propos de l'édition Dabo (1810), reproduit ensuite par Ménard et Davenne en 1824, n'en dit pas beaucoup plus; mais il s'en sert comme prétexte pour se livrer à une foule de considérations personnelles, tout à fait étrangères au sujet : sur la politique du moment par exemple, dont Mme Cottin ne s'occupait pas. Elle avait eu assez des affaires publiques pendant la cruelle période qu'inaugurait l'année de son mariage et qui lui avait coûté le bonheur, dans la vie de son époux. De là, ce prétendu biographe passe aux diverses classes composant la société d'alors, et aux fonctionnaires dont Mme Cottin ne connaissait aucun. Au sortir du leurre égalitaire de la Révolution, le galon, le panache avaient repris leurs droits. Auguis nous trace, avec désinvolture, sur le monde officiel qui l'entoure, des portraits genre La Bruyère, mais cette fois en caricature. Après quoi, il revient à son héroïne durant quelques lignes consacrées à ses qualités de bonté, de douceur, de modestie, de charité inépuisable, à son talent d'écrivain qu'il admire sans réserve; puis ce fantaisiste repart en considérations sur les motifs qui peuvent bien pousser une femme à devenir auteur. Tout à coup, voilà Homère et Ossian qui interviennent, on se demande pourquoi, si ce n'est pour nous faire connaître ce qu'il pense du barde scandinave découvert ou inventé par Macpherson. Et il nous ramène aux femmes de plume du temps : Mme Necker, mère de Mme de Staël; celle-ci dont il parle brièvement; Mme de Beauharnais,

Mme de Montesson, Mme de Flahaut, Mme d'Houdetot, et ne se permet qu'un rappel de la « divine Émilie » au travers d'un cruel portrait de
Mme du Deffand. Le tout entremêlé d'appréciations manquant souvent de justesse, généralement
démodées et sur un ton fort acerbe.

La plus intéressante de ces divagations, et
cette fois s'appliquant à son objet, c'est le jugement de Mme de Genlis sur sa rivale, dans son
livre *l'Influence des femmes sur la littérature*. La
jalousie entre femmes de lettres ne date pas d'aujourd'hui, car celle-ci abîme Mme Cottin sans
ménagement. Tout ce que la critique a de plus
amer, elle l'emploie pour faire ressortir les défauts
qu'elle a voulu trouver dans ses ouvrages.

« *Claire d'Albe* est sans intérêt, sans imagi-
« nation, ni vraisemblance et d'une immoralité
« révoltante; l'amour y est furieux et féroce. La
« vertueuse héroïne se livre sans pudeur à des
« emportements effrénés et criminels. La main
« d'une femme, quel que soit son âge, ne peut
« copier les scènes cyniques de cet adultère. La
« fausseté des sentiments peut seule en égaler
« l'indécence. Un homme même ne saurait trans-

« crire la page infâme et dégoûtante qui suit un
« discours dont l'extravagance et l'impiété font
« toute l'énergie. *Amélie Mansfield* retombe
« dans ces mêmes défauts, l'héroïne est pas-
« sionnée jusqu'à la fureur, le dénouement en est
« révoltant. Ce n'est pas peindre l'amour, c'est
« peindre la rage semblable à celle que les ani-
« maux féroces éprouvent dans une certaine
« saison de l'année. *Mathilde* est imitée d'autres
« romans (1). Dans *Élisabeth,* l'esprit et les jolies
« phrases remplacent la sensibilité et jettent de
« la froideur sur l'ouvrage. »

Enfin, rien ne trouve grâce à ses yeux et voilà
la pauvre Mme Cottin bien arrangée; sa sévère
critique n'y allait pas de main morte. Mais le plus
amusant, ce sont les précautions par lesquelles
Mme de Genlis prépare son public à accueillir le
tombereau de pavés qu'elle va déverser sur la
tête de l'infortunée. « Il serait fort difficile, dit-
« elle, de parler d'un auteur célèbre, mort depuis
« quelque temps et dont les partisans et amis
« vivent encore, si l'on manquait de droiture ou

(1) Peut-être du *Génie du Christianisme,* qui avait
paru en 1802.

« de courage, ou si l'on avait la faiblesse de
« craindre de ridicules interprétations et d'in-
« justes ressentiments. On doit juger avec sévé-
« rité les ouvrages qui méritent d'être lus; une
« critique réfléchie est un hommage, elle sup-
« pose une sorte de méditation qui seule est
« une marque d'estime et la critique même ajoute
« du poids aux éloges. »

Ainsi donc les romans de Mme Cottin méritent
d'être lus... Sous cette plume dénigrante, ceci a sa
valeur. On ne voit pas comment son blâme est
une marque d'estime; quant au courage, elle en
avait certainement, car personne, à cette époque,
ne partageait sa malveillance pour des livres qui
enthousiasmaient les contemporains. Un semblant
d'éloge arrive cependant : « Les derniers ouvrages
« de Mme Cottin sont infiniment supérieurs à
« tous ceux des romanciers français, sans en
« excepter ceux de Marivaux, et moins encore les
« ennuyeux et volumineux ouvrages de l'abbé
« Prévost. » Elle ne parle pas des siens, non pas
tant par modestie, sentiment qui lui était inconnu, que parce qu'elle aspirait moins au titre de
romancière, qu'à celui d'éducatrice, dont elle avait

toute la pédanterie. Mais du moment qu'elle trouve Mme Cottin supérieure à Marivaux et ses héroïnes au-dessus de l'immortelle Manon, voilà sa victime vengée : son ennemie ne croyait pas lui faire la part si belle.

Lady Morgan (1) en parle dans sa relation de voyage intitulée *La France* en 1816. Un accident de voiture l'ayant forcée à s'arrêter non loin de l'habitation de Mme Cottin aux environs de Paris, elle voulut interroger les gens du pays sur cette illustration littéraire ayant séjourné parmi eux. Elle se désola en constatant que, neuf ans à peine après sa mort, ces paysans ignoraient qu' « une dame qui travaillait beaucoup » eut jamais possédé « un château » dans le voisinage. Elle était donc la seule à le savoir. « Une demeure qui a « été consacrée par la présence du génie, palais « ou chaumière, écrit-elle, est un temple que l'es- « prit et l'imagination ne doivent contempler « qu'avec respect. » Cet incident, raconté dans le

(1) Femme de lettres anglaise, auteur de *Saint-Clair or the heiress of Desmond; The wild Irish girl; The Missionnary; France,* 1816; *The Princess; Autobiography,* etc.

style pompeux de l'époque, est d'ailleurs, peut-être, un produit de sa propre imagination, car ce voyage est rempli d'inexactitudes et le « château » n'était qu'une simple maison dans le bourg.

Lady Morgan en faisait à lord Byron un récit qui le frappa; elle y ajoutait : « Dépourvue de « beauté, Mme Cottin inspira deux passions ar-« dentes et fatales. Son jeune parent M. D*** (1) « se tua d'un coup de pistolet dans son jardin, et « son rival sexagénaire M*** (2) s'empoisonna « de honte d'éprouver un amour sans espérance « qui ne convenait pas à son âge... J'apprends de « M. Venès (3) que Mme Cottin était une blonde « inclinant vers le roux. »

Il y a eu une *Notice historique sur la vie et les écrits de Mme Cottin,* parue à Paris en 1818. Il n'en a été tiré que vingt-cinq exemplaires, pour être offerts aux amis de l'auteur.

Didot et Michaud, dans leurs biographies générales, ont donné peu de détails sur sa vie, beaucoup sur ses œuvres.

(1) M. Lafargue.
(2) M. Jean de Vaisne.
(3) Oncle de Mme Cottin.

Les articles de revues nous en disent davantage, grâce à des lettres retrouvées. C'est là qu'on peut suivre l'aimable romancière dans ses sentiments personnels et sa vie intime. Le talent d'épistolière ne le cédait en rien, chez elle, à celui de l'auteur : il l'emportait même, car il était plus simple.

Les premières lettres dont on a eu connaissance et les plus importantes par l'émotion qui les a dictées, ont paru dans *la Revue de Paris* en 1830. Henri de Latouche les a reproduites dans un article intitulé : *Lettres inédites de Mme Cottin.* Cet amant grinchu de la douce Marceline Desbordes-Valmore, n'aime pas les femmes écrivains, ce qui n'était pas très aimable pour son amie la poétesse. Prenant sans doute prétexte des scrupules que Mme Cottin exprime à ce sujet dans la préface de son premier livre et sur lesquels revient une des héroïnes de *Malvina :* « Une femme, dit-il, qui consent à peindre au « lieu d'inspirer abdique un empire. C'est deve- « nir prêtre quand on est dieu. La publicité est « un triomphe obtenu sur la pudeur, qui effa- « rouche même l'amitié. L'amour s'accoutume

« rarement aux yeux rougis de veilles et aux
« doigts tachés d'encre. Même spirituelles et
« jolies, elles ne sont pas aimées, peut-être même
« pas désirées. Quand le cœur d'une femme s'est
« trahi sur le papier, quand il n'est plus un mys-
« tère dont on puisse espérer être seul posses-
« seur, où est le prix de sa conquête? Ces idées
« de célébrité féminine ont vieilli depuis Sapho,
« mais les philosophes comprennent le rôle de
« Phaon. Qui sait si, pendant qu'il était sourd
« aux déclarations publiques de la dixième muse,
« il n'aimait pas en secret quelque grisette de
« Mytilène ou de Samos... Rivarol aima une cou-
« turière dont il disait : « Elle a le goût d'un
« bon fruit et l'esprit d'une rose. » Beaucoup
« prennent leur esprit pour du talent et la vanité
« des éloges pour la gloire. Quelques-unes su-
« bissent un véritable instinct. Mme de Sévigné
« traçait à son insu des pages immortelles, et
« Mme Deshoulières n'échafaudait des tragédies
« que pour l'applaudissement du parterre. »

Nous avons bien changé tout cela, et ces impressions ont vieilli depuis Latouche, bien qu'on
ne saurait affirmer qu'il n'y ait plus d'hommes de

nos jours qui pensent de même. Les femmes de lettres ne seraient pas légion comme en ce moment, si elles avaient dû abdiquer leur charme, leur attirance, leur féminité, en un mot renoncer à l'amour, au désir; il semble au contraire qu'elles l'inspirent d'autant plus.

Latouche concède toutefois à Mme Cottin qu'elle était née poète. Il en reproduit les lettres les plus touchantes et les plus belles, que nous donnerons dans l'autre partie de cet ouvrage. Il termine par l'inévitable comparaison avec Mme de Staël « qui était un homme et un grand homme ». Il montre « la dissemblance de leur manière d'ar-
« tiste dans l'emploi des caractères de femme et
« les moyens d'émouvoir le drame. La première
« ne fait jamais succomber ses héroïnes, la se-
« conde toujours ». Contrairement à d'autres biographes, et sans tenir compte qu'elles lui ont été fournies par l'historien des Croisades, il juge que : « Ses esquisses sur les Croisades sont infi-
« dèles aux couleurs historiques. Pas plus cepen-
« dant que les écrits du dix-huitième siècle et
« ceux des maîtres longtemps cités pour exemple.
« Malek Adel est tout aussi turc qu'Orosmane;

« seulement, l'auteur resta étranger à l'intuition
« de ces sortes d'études. Mais si, dans la corres-
« pondance intime, au milieu d'épanchements
« secrets, on retrouve tout l'éclat d'un style pur,
« tout le talent d'un écrivain de l'école de Rous-
« seau, nombreux comme lui, un peu redondant,
« habile à rendre avec chasteté les émotions les
« plus passionnées, d'une clarté, d'une correction
« infaillible, on a la preuve d'un talent involon-
« taire. »

Garay de Monglave, dans *le Dictionnaire de la
Conversation,* revient sur cette question de con-
venance ou d'impropriété pour une femme, de
s'adonner aux lettres. Il cite Montaigne, La
Bruyère, Boileau, J.-J. Rousseau, lançant des ana-
thèmes sur la femme auteur. « Toute femme bel ·
« esprit est le fléau de son mari, de ses enfants,
« de tout le monde. Toute fille lettrée restera fille
« toute sa vie, tant qu'il y aura des hommes sen-
« sés sur la terre. » On reconnaît là la justesse
de vue du philosophe de Genève et sa longue
portée. Que dirait-il à cette heure? Sans doute
que les hommes sont fous...

Garay de Monglave n'est pourtant pas de cet

avis. Il trouve que les femmes aujourd'hui sont
« propres à tout, excellent dans tout : les rangs
« des amis des lettres et des beaux-arts leur sont
« ouverts avec empressement ». Et il loue sincèrement les œuvres de Mme Cottin. Sa biographie est d'ailleurs l'une des mieux faites, et
ses appréciations sont plus intéressantes que
d'autres.

« Peut-être, dit-il, ses héroïnes ont-elles trop
« de sensibilité, mais l'auteur fait ressortir des
« caractères et non des portraits de fantaisie dont
« les autres auteurs sont si prodigues... Ces
« tableaux ne peuvent être d'une femme dont le
« cœur n'a pas éprouvé ce qu'elle sait si bien
« peindre... Indulgente aux défauts des autres,
« elle évitait ce qui pouvait leur déplaire. Elle
« se trouvait bien avec des gens médiocres et ne
« s'apercevait même pas de sa supériorité; si elle
« l'avait aperçue, elle en aurait été embarrassée.
« Bonne et sensible, elle parlait peu et écoutait
« rarement; distraite, préoccupée, elle était tou-
« jours seule au milieu d'un cercle nombreux;
« mais, dans les réunions d'amis, son regard
« s'animait, sa parole devenait énergique; on

« retrouvait l'éloquence du cœur et la sensibilité
« qui font le charme de ses écrits. »

En 1840, parut, encore dans *la Revue de Paris*,
un article de Desalle Régis intitulé *Madame Cottin*. Voici comment il l'apprécie : « Une femme
« qui a écrit comme elle a pensé et senti; qui
« a senti et pensé comme elle a vécu; en qui tout
« fut naturel, spontané, vrai, abondant et qui ne
« puisa jamais qu'au dedans d'elle-même la sub-
« stance de son œuvre. Je ne sais pas de plus
« complète harmonie entre les fictions d'un écri-
« vain et les sentiments, les émotions intimes, les
« mobiles constants, tout le caractère en un mot
« de sa propre vie. Cette vie fut un roman
« comme tout ce que l'auteur écrivit, mais un
« roman calme, reposé, chastement mélancolique,
« tout en dedans, sans aventures ni péripéties
« extérieures. Et si par là elle contraste avec les
« scènes émouvantes, les orages profonds des
« créations littéraires qui couvèrent sous son aile,
« c'est que toujours son imagination renchérit
« sur les instincts de l'âme. Elle offre ce rare
« exemple d'un écrivain prenant au sérieux, et
« jusqu'à l'illusion la plus complète, toutes les

« joies, les douleurs, les larmes, les vertus et jus-
« qu'aux faiblesses mêmes, réalisées et embellies
« par son pinceau... Elle est visiblement sous l'in-
« fluence du génie de Rousseau.

« Son style est sans art, incorrect. Son mauvais
« moule classique, guindé, solennel, prétentieux,
« conforme au mauvais goût de l'époque, est
« racheté par l'abondance, la chaleur, la grâce,
« l'énergie. »

A la suite de cette appréciation si élogieuse, et
dont la critique ne porte que sur la forme, celui
qui écrit ces lignes donne, sur la vie de Mme Cottin, de courts détails plus exacts que ceux des
autres biographes et parle de son amour pour le
philosophe Azaïs.

Le *Plutarque français* de 1861 publie sur
Mme Cottin une étude par Alissan du Chazet,
commençant par une biographie inexacte. Il dit
ensuite qu' « elle a eu une destinée contraire à
« ses goûts et opposée à ses principes. Sa célé-
« brité est une bizarrerie de sa vie plutôt qu'une
« inconséquence de son esprit ». Il eût peut-être
été plus juste de dire que sa destinée était d'être
célèbre malgré elle. Contrairement à Dessalle

Régis, il loue son style varié, son instinct poétique,
ses descriptions pittoresques. « C'était une enchan-
« teresse par son âme affectueuse et tendre, sa
« grâce piquante et naïve et son esprit sans art.
« Les sentiments les plus doux et les plus purs
« la rendaient irrésistible. » Deux lettres suivent
de Mme Cottin pendant son séjour en Italie, l'une
sur Isola Bella, l'autre sur Venise.

Il ajoute : « Des quatre femmes de cette époque,
« au talent supérieur, Souza, Genlis, Staël et
« Cottin, ayant écrit des romans ingénieux et
« passionnés, Mme de Genlis est· dramatique
« et pittoresque (1); Mme de Souza (2) un
« modèle de grâce, de goût et de vérité dans
« la peinture de la vie des classes élevées;
« Mme de Staël (3) vise à l'effet, ses expressions
« neuves et énergiques sont inégales, à force
« de génie, elle a cru pouvoir se passer de
« goût, ses écrits sont virils. Les romans de
« Mme Cottin sont d'une femme qui unit l'at-

----

(1) *Mémoires, Mademoiselle de Clermont, Madame
de Maintenon, les Veillées du château, les Petits émigrés,* etc.

(2) *Adèle de Sénange, Marianne, Charles et Marie.*

(3) *Corinne, Delphine, l'Allemagne.*

« trait de la vertu à la sensibilité. Genlis fait
« réfléchir, Staël penser, Souza sourire, Cottin
« rêver et pleurer. »

Cet article est accompagné du portrait de
Mme Cottin, gravé par Chasselat et dessiné par
Migneret.

François Soubies, une des gloires de Bagnères-
de-Bigorre comme avocat, préfet des Hautes-
Pyrénées en 1848, puis député de ce même département, a publié, dans *la Petite Gazette* du
30 mai 1865, deux lettres de l'auteur de *Mathilde*
adressées à sa sœur Fanny Soubies.

En 1868, *la Revue d'Aquitaine* a donné, sous
le nom de Tamizey de Larroque, une biographie
contenant également des inexactitudes, plus deux
lettres venant de la collection Delpit, adressées au
citoyen Victor de Lamothe à Saint-Foy-sur-Dor-
dogne, pendant l'emprisonnement du cousin de
Mme Cottin à Versailles. Elles sont datées de 1793.

Mais le plus grand nombre de lettres qui aient
été retrouvées, sont celles que donne M. de Gannier (1) dans *le Correspondant* d'août 1888,

(1) On se demande comment il les avait eues, car la
famille de Mme Cottin, ayant appris leur existence, les

sous le titre : *Madame Cottin pendant la Terreur.* La biographie est encore très inexacte. Suivant lui, le père de Marie ou Sophie Risteau, directeur de la Compagnie des Indes à Paris, serait mort peu après la naissance de sa fille, ce qui aurait été cause du retour de cette dernière aux environs de Tonneins et de l'influence protestante qu'aurait eue sur elle sa famille. On verra plus loin que M. Risteau, dans son livre de raison, mentionne non seulement la naissance de sa fille, mais aussi son mariage.

M. de Gannier se livre ensuite à une digression tout aussi fantaisiste sur l'âge de Paul Cottin, qui, dit-il, aurait pu être le père de sa femme. Il confond sans doute avec la cousine de Mme Cottin, Julie Verdier, qui épousa à la même époque un homme ayant le double de son âge et qui était presque un vieillard pour elle. Du reste, une pareille disproportion se voyait fréquemment à cette époque. Le mari de Sophie Risteau n'avait

reçlama à la personne qui les avait en sa possession. Une correspondance fut échangée sans effet. Puis, un jour, ces lettres parurent sans que la famille en ait eu connaissance.

que vingt-quatre ans, et les réflexions de M. de
Gannier sur le désappointement des rêves de
quinzième année de la jeune fille sont hors de
propos. Enfin, il dit qu'au moment où Mme Cottin se retira à Champlan après la mort de son
mari, elle fit venir auprès d'elle, avec Julie Verdier,
Félicité Jauge, sa nièce. Il n'y a pas eu de Félicité Jauge dans la famille; cette Félicité était
Mme Lafargue, sœur aînée de vingt ans de Julie
Verdier.

Ces erreurs rectifiées, nous lui devons la découverte des lettres les plus nombreuses, adressées par Mme Cottin à un homme, cette fois
beaucoup plus âgé qu'elle, qui en était tombé
amoureux en s'occupant de mettre de l'ordre dans
sa fortune. L'authenticité de ces lettres, qu'on lui
fit connaître dans les environs de la Flèche où
s'était retiré le soupirant malheureux, est établie
par la personne qui les tenait d'une Mlle Der-
vaux, à qui ce correspondant avait laissé son
mobilier. Ces lettres n'étaient plus qu'au nombre
de trente, après qu'il y en avait eu bien davantage;
mais on en avait dérobé une partie. M. de Gannier ne donne que les principales, qui forment

déjà la collection la plus considérable de celles que l'on possède.

Le 9 décembre de la même année, Armand de Pontmartin (1) écrivait dans *la Gazette de France*, à propos de cet article : « Décidé à écrire sur « Mme Cottin, d'après l'intéressant travail de « M. de Gannier, je veux la disputer à un injuste « oubli et remettre en lumière, ou au moins clair-« obscur, son talent et ses ouvrages. *Malvina,* « *Mathilde, Amélie Mansfield, Claire d'Albe,* son « chef-d'œuvre, s'associèrent aux émotions et « aux insomnies des rhétoriciens de 1828. Les « aventures de Mathilde et de Malek Adel parta-« gèrent longtemps avec la mort de Poniatowski « et le Juif Errant l'honneur de tapisser les « chambres d'auberge.

« Sainte-Beuve a écrit : « Rien n'égale le succès « qu'eurent dans leur temps les romans de « Mme Cottin. Elle-même a excité de grandes « passions. Elle n'était ni belle ni même agréable, « blonde un peu sur le roux, parlant peu, ayant « l'air d'être toujours dans les espaces, mais elle

(1) Auteur des *Jeudis de Mme Charbonneau.*

« avait de l'âme, du feu, de l'imagination. » Puis
« il jette son goupillon de bénisseur et cherche le
« défaut de la cuirasse. C'est ainsi que, sans en
« être sûr, il écrit à son sujet : « M. de Vaisne, si
« spirituel, s'est tué pour elle, il avait soixante-
« seize ans. Michaud aussi fut amoureux d'elle...
« Mme Cottin s'est tuée dans son jardin d'un
« coup de pistolet. » Bref, tous les matériaux
« d'un gros mélodrame. Un vieillard spirituel,
« avalant le célèbre poison de Cabanis (1) pour
« se punir d'être amoureux, d'être aimable et de
« ne pouvoir plus aimer; Mme Cottin se tuant
« virilement, le tout apocryphe, sur la foi d'une
« tradition locale, de cancans de portière.

« Ce qui est plus exact, c'est le succès des ro-
« mans, c'est l'atmosphère de passion romanesque
« qui circulait autour d'elle, c'est M. de Vaisne,
« homme d'esprit, ami particulier de Mme de
« Staël, se passionnant pour le génie de cette femme
« rousse ni belle, ni jolie. Ces échos, cette gloire,
« se prolongent tant bien que mal jusqu'en 1830,
« et puis... rien, l'oubli complet même en province.

(1) Médecin physiologiste, né en 1757, mort en 1808.

« Les lettres publiées par M. de Gannier sont
« d'un réel intérêt. Seulement il y aurait mé-
« compte si l'on s'attendait à trouver, dans cette
« correspondance antérieure de quatre ou cinq
« ans au premier ouvrage de Mme Cottin, des
« traces de la flamme qui, même en s'éteignant,
« devait laisser une fumée. Durant cette phase
« préventive, d'un calme relatif, Mme Cottin ne
« paie tribut au romanesque que par son obsti-
« nation à pleurer un époux défunt âgé de trente
« ans de plus qu'elle et médiocrement taillé en
« héros de roman... Ces cheveux d'un vieillard,
« qui aurait dû profiter de son âge pour être
« chauve, me semblent un peu ridicules; mais
« au temps de la sensibilité, on pouvait la mettre
« dans les rares cheveux d'un mari septuagé-
« naire. »

Ici, c'est Pontmartin qui est ridicule, en faisant
de l'esprit sur une circonstance qu'il connaissait
si mal et en l'agrémentant de plaisanteries de
mauvais goût. Paul Cottin était un jeune homme,
et non un vieillard ayant le grand tort d'avoir
conservé tous ses cheveux. De même, s'il eût été
mieux renseigné, au lieu de reprocher à Sainte-

Beuve de ne l'être pas assez, il lui eût été facile
de dire qu'il y avait confusion et que le suicide
du jardin était celui du jeune Lafargue. Ses réflexions sont plus justes lorsque, à propos de la
correspondance Gramagnac, il dit : « Les vieil-
« lards amoureux, et d'autant plus aveugles qu'ils
« sont plus amoureux et plus vieux, ne se doutent
« pas qu'ils deviennent un sujet d'étude pour la
« femme qu'ils aiment et à laquelle sa parfaite in-
« différence laisse toute sa liberté d'observation,
« toute sa clairvoyance. »

Il termine en disant : « L'idée religieuse man-
« quait à tout ce monde-là. Marie Risteau, bapti-
« sée dans la religion catholique, qui se laisse
« faire protestante, débaptiser pour Sophie sans
« résistance et sans savoir que Sophie signifie
« sagesse, passa d'une religion à l'autre pour
« verser dans une troisième, la religiosité. Si elle
« n'avait pas changé de religion, si sa vivacité,
« son imagination, sa sensibilité et la bonté de
« son cœur en avait fait une fervente catholique,
« elle n'eût probablement pas écrit de romans.
« Ses contemporains y auraient perdu quelque
« chose, nous presque rien. Elle y aurait gagné. »

Sainte-Beuve n'était pas beaucoup plus bienveillant. De ce qu'elle appelait l'académicien
Michaud par son nom Ferdinand, il conclut qu'il
était son amant. Il juge qu'elle se plaisait à tour-
ner la tête à ses amis. Il se moque de sa sensibilité et dit qu'elle n'a pas été plus de son temps,
que Mlle de Scudéry du sien.

En 1901 paraît *le Roman français au dix-
neuvième siècle,* de Le Breton, professeur de littérature française à l'Université de Bordeaux. Celui-
là est inexcusable, étant sur les lieux, de tomber
dans les mêmes erreurs. Il nous dit que Mme Cottin épousa un vieillard, riche banquier à Bordeaux, alors qu'il s'occupait de finances à Paris
et qu'il n'avait pas vingt-cinq ans. Il rapporte les
bruits de suicide dans le salon, et d'empoison-
nement dans le jardin, intervertissant l'ordre des
facteurs. Elle-même s'est tuée à la suite d'un grand
chagrin d'amour. Il trouve de la ressemblance
entre les personnages de Mme Cottin et ceux de
Mme de Staël.

« S'il a fallu refaire les œuvres de Mme Cot-
« tin, c'est sans doute qu'elles étaient mal faites.
« Mais ses thèmes n'auraient pas été repris avec

« autant d'empressement s'ils n'avaient été au
« goût de son époque. C'était, en matière d'amour,
« le goût premier Empire. Il n'était pas gai. *Mal-*
« *vina* et *Amélie Mansfield* sont des drames de
« passion bien près du mélodrame. Les amants
« malheureux sanglotent, crient, rugissent dans un
« paroxysme de fureur qui appelle la camisole de
« force. Les héros et les héroïnes sont des âmes
« de feu aussi, pamoisons, meurtres, suicides, ta-
« bleaux terrifiants, refus, perfidies, persécutions,
« folie. Edmond mord la terre, pousse des cris,
« déchire sa poitrine.

« Dans la scène finale de *Claire d'Albe*, il y a
« de l'extase, des pleurs de joie, des apostrophes
« au ciel; la moribonde se laisse aller dans les
« bras du bien-aimé. Claire est coupable, sa
« vertu a péri, elle n'y survivra pas; le lendemain
« elle expire. Tout cela est bien mauvais, bien
« théâtral, bien faux, même assez malsain. Mais
« l'idée que Mme Cottin se faisait de l'amour lui
« a valu les suffrages de ses lecteurs.

« Il y avait l'intention de réagir contre la
« sécheresse de cœur, la froide corruption du
« dix-huitième siècle. Gauchement écrits, gau-

« chement composés, ils ont plu parce que
« leur frénésie, leur délire sacré, est la glorifica-
« tion éperdue de la passion. Devoir, honneur,
« autorité, doux lien conjugal ne sont rien contre
« la force divine qui pousse les amants et, fussent-
« ils adultères, ils sont sublimes. Il faut les
« admirer, les prendre pour modèles. Doctrine
« plus qu'inquiétante, négation de la morale,
« antisociale, anarchique, qui ruine le mariage
« et la famille, et dont le premier inventeur
« est Rousseau. »

Celui-ci est un peu bien sévère. La pauvre
Mme Cottin immorale et anarchiste! Elle ne se
fût pas reconnue, et avec raison, car elle en était
bien innocente. Le roman est un délassement de
l'esprit, un produit et une jouissance de l'imagination, une étude de mœurs et non forcément une
thèse à soutenir, ou la morale prouvée par
l'exemple. Le réalisme qui a succédé au romantisme, dont Rousseau et ses disciples ont été les
précurseurs, l'a rabaissé et amoindri; mais, tant
que la flamme de l'idéal et de l'enthousiasme
l'anime, il est une œuvre d'art et ne doit pas être
jugé à un point de vue étroit et bourgeois.

Cependant Le Breton convient à la fin, que :
« La passion est en nous la flamme qu'il faut
« aviver. Point de génie, point d'héroïsme sans
« la divine étincelle. Il faut remercier ceux qui les
« exaltent, dussent-ils nous tromper. L'honneur
« du romantisme sera d'avoir été entre les phi-
« losophes et les réalistes, entre deux écoles d'iro-
« nie, une école d'enthousiasme et de foi. »

En 1908, Mme Cottin se retrouve sous la
plume d'Edmond Pilon dans ses *Muses et bour-*
geoises. « Presque tous les écrits romanesques
« de ce début du siècle, dit-il, ont les formes
« les plus sensibles de la passion, une finesse
« à les peindre et à les exprimer qui est tout le
« secret de ces âmes littéraires. L'emportement
« qu'on mettait alors en toutes choses, avait frappé
« de bonne heure l'imagination de ces jeunes
« femmes auteurs.

« Les héroïnes de Mme Cottin, quel que soit
« leur costume, cachemire, crêpe ou levantine
« rose, soit qu'elles errent aux terrasses ou sous
« les bois d'automne, soit qu'en robe de percale
« et en chapeau de paille fleuri elles président
« aux doux soins de la campagne et de leurs

« enfants, toutes sont également fines, nerveuses,
« délicates. Toutes mariées à des hommes âgés,
« elles vivent impatiemment dans l'attente de
« l'amour, sous la forme d'un jeune homme de
« lithographie (genre Tony Johannot). Frédéric,
« le comte Ernest, Smoloff, Edward Seymour ont
« le visage sérieux, rêveur et lyrique de ceux
« que la passion fera souffrir. Traits admirables,
« maintien noble et modeste, haute cravate, man-
« teau de montagne, chapeaux rabattus, dalles
« sonores des châteaux ou hôtels seigneuriaux,
« que font retentir des bottes d'écuyer. Frédéric
« et Ernest, candides adolescents, sir Edward
« Seymour, franc libertin, dissimulent Lovelace
« sous le masque de la vertu...

« La sensible Cottin précipite ces femmes dans
« les dangereux périls du cœur et des sens. Elles
« se défendent d'abord, terribles luttes inté-
« rieures, raisons sacrées, mère, religion, devoir,
« époux... Amour est là, rien ne résiste; fièvre,
« plaintes, pleurs, les voilà conquises, possédées
« de l'impérieux tourment. Des hommes, au
« passé mystérieux et à l'avenir tragique, fas-
« cinent des cœurs ingénus; plus de repos, de

« santé, de calme, de prière, rien que de fébriles
« amantes...

« On a dit que sa plume se plaisait à ces scènes
« amoureuses et brûlantes, telles qu'elle pouvait
« les souhaiter. Ces héroïnes peu farouches, em-
« pressées à céder, trouvent leurs tortures douces
« et voluptueuses; cerne de leurs grands yeux,
« pâleur du front, leur ajoute un éclat ineffable
« de mort et de beauté. N'importe, ne sont-elles
« pas à sa ressemblance? Malvina, Amélie, Claire
« n'ont-elles pas le même cœur que la charmante
« femme? Ce cœur était unique et devait se ré-
« pandre toujours, à la façon des urnes, sur les
« pieds divins de l'éternel Adonis. »

Celui-là est un peu bien moqueur. Il juge la
femme d'après ses lettres et ses livres à la fois,
ce qui est un tort. On est presque toujours sincère dans sa correspondance, tandis qu'on ne
l'est souvent pas dans un roman où l'imagination s'échauffe et vous entraîne plus loin que
ne le ferait le tempérament. Cet écrivain croit
Mme Cottin sensuelle d'après certains traits de
sa physionomie, et il n'arrange rien en disant
qu'elle mettait dans l'amour un feu qui purifie

tout. Il lui attribue délibérément plusieurs faiblesses; c'est exagéré, bien qu'on prétende que dans cette voie il n'y a que le premier pas qui coûte. Ce sont des suppositions que rien ne confirme.

Enfin, le baron de Cardaillac (1) en a parlé le dernier en 1909. Dans un charmant opuscule fort bien écrit : *Madame Cottin à Bagnères,* il nous entretient presque exclusivement du séjour que fit Mme Cottin à Bagnères-de-Bigorre, où elle rencontra le philosophe Azaïs qui fut la grande passion de sa vie. M. de Cardaillac, homme de sens et de son temps, avoue que le style de ses livres a terriblement vieilli et que ses personnages ont tourné au ridicule. Mais le sentiment qui les a créés lui paraît admirable et Mme Cottin une femme bien séduisante.

Du reste, on remarquera que plus on se rapproche de nous, plus la critique devient sévère, bien que cette dernière reste absolument courtoise et indulgente. Nous n'en sommes plus à

(1) Président au tribunal civil de la Seine. Il nous a communiqué des lettres très intéressantes, dont nous lui adressons ici tous nos remerciements.

BAS-RELIEF ÉLEVÉ A LA MÉMOIRE DE

MADAME COTTIN

à Bagnères-de-Bigorre en 1910.

l'admiration religieuse et enthousiaste des premiers biographes, soit parce que cette forme de l'écriture est devenue presque insoutenable, soit parce que la tournure de l'esprit actuel, plus caustique et inquisitif, se traduit volontiers par la moquerie et les suppositions les plus libres.

M. de Cardaillac s'étend aussi sur Azaïs, dont, avec sa vive intelligence, il clarifie les conceptions passablement nébuleuses... ennuyeuses, dirions-nous avec l'irrespect d'aujourd'hui. Mais il ne lui pardonne pas d'avoir rejeté la tendresse et le dévouement qui s'offraient à lui

En somme, tous ces biographes s'occupent de ses œuvres, mais ne donnent pas, à proprement parler, la vie de l'écrivain. Auguis et Michaud, qui pouvaient être plus renseignés, sont ceux qui en disent le moins, intentionnellement sans doute. « On puise toujours aux mêmes sources, » dit l'un d'eux. Évidemment on n'invente pas sur une vie vécue, et forcément on reproduit les mêmes erreurs de dates et parfois de personnes.

Mais lorsqu'une partie de sa correspondance

fut découverte et publiée, faisant connaître certaines phases de son existence et de son cœur, il fut permis de reconstituer sa personnalité. C'est elle-même qui nous donne la clé des mystères que la modestie de ses goûts et de sa nature nous aurait plutôt dérobés. Celle que rien ne distingue, qui est perdue dans la foule, a toujours sa vie sentimentale, sa vie particulière; combien à plus forte raison la femme qui n'a pu s'empêcher de mettre dans des livres le trop-plein de son imagination et de son ardeur.

C'est donc d'après ses lettres qu'on a commencé à la juger, en dehors de ses œuvres, bien qu'à la distance d'un siècle on soit souvent réduit aux conjectures ou à des interprétations erronées.

En réunissant cette correspondance éparse et en la joignant à une autre inédite que la famille a eu la grande obligeance de nous communiquer, nous avons pensé donner au lecteur une impression plus complète qu'on ne l'a fait jusqu'ici. L'idéalisme dans la passion, la poésie, la tendresse, les tentations et les faiblesses, la femme en un mot, voilà ce que nous avons cherché dans

Mme Cottin et que nous présentons au public, bien plus encore que l'auteur (1).

(1) On trouve encore le nom de Mme Cottin dans LAROUSSE, BOUILLET, BACHELET et DESOBRY, *Diction. gén. de biographie et d'histoire;* RABBE, *Biogr. univ,* des *Contemporains;* FELLER, *Biogr. univ.;* VAPEREAU. *Dict. univ. de littérature;* LA MINERVE; FRAISSINET, *La France protestante.*

3

II

Mme Cottin est d'une ancienne famille de la bourgeoisie, remontant au dix-septième siècle, ainsi qu'en fait foi le livre de raison de son ancêtre le plus reculé, Guilhaume Varin, qui habitait Rouen. La date de naissance de cet aïeul n'est pas connue; on sait seulement qu'en 1681 il épousa Suzanne Roger.

De ce mariage naquirent plusieurs enfants, dont Suzanne Varin, qui fut d'abord Mme Lecourt, et en secondes noces Mme de Candole. C'est elle qui continua le livre commencé par son père.

De son union avec Lecourt, orfèvre à Rouen, vint au monde Jacques Lecourt, lequel, marié en 1735 à Marie Lemaignan, eut deux filles. L'une, Suzanne-Marie Lecourt, épousa en 1754 Jean-Baptiste Venès, bourgeois de Tonneins, négociant à Bordeaux. Félicité Venès, l'aînée de leurs filles, épousa, en 1774, Bernard Lafargue, dont elle eut cinq enfants. Julie-Victoire Venès, la dernière, devint en 1789 la femme de Pierre Verdier de la Carbonnière, ancien officier de cavalerie, chevalier de Saint-Louis, habitant Tonneins. Anne-Suzanne Lecourt, née un an après sa sœur Suzanne-Marie, se maria en 1756 avec Jacques Risteau, également négociant à Bordeaux : c'est le père de Mme Cottin.

On n'a pas été d'accord, durant les générations précédentes, sur l'orthographe de ce nom. Les uns l'écrivent *Ristaud,* d'autres *Restaud,* et un des leurs, dans une pièce assez curieuse, conservée aux archives de la famille, se désigne comme *Richeteau.* Ceci pourrait tenir à la prononciation du pays, car même actuellement on trouve encore à Bordeaux certaines personnes dans le peuple qui prononcent l's comme *ch.*

Voici la pièce en question :

« *Pierre Richeteau de Bevain en Poitou, mort*
« *à quatre-vingt-dix-sept ans, fut officier dans les*
« *troupes du duc de la Forsse (1). Lors des guerres*

(1) Voir app. I.

« sivilles, il se retira à Ste-Foy, où il se maria
« avec la D^{elle} Meymar, dont ils eurent de
« leur mariage deux garçons et deux filles, sça-
« voir :

« Matthieu, mort à soixante-cinq ans en 1704,
« marié au païs (1), qui eut plusieurs enfants dont
« le seul qui reste est établi à Bordeaux, qui y a
« été marié et n'a qu'un fils, Jean, qui se maria
« aussi à Ste-Foy, sortit du royaume en 1684
« avec sa famille et y laissa quelques biens qui,
« après ses dettes payées, il y eut 4 ou 5 000 l.
« de rentes dont le régisseur du domaine des
« réfugiés s'empara. Sa famille dispersée en An-
« gleterre.

« En 1711, Mr Richeteau, conseiller au Prési-
« dial de Poitiers, ayant appris l'évasion de Jean
« Richeteau, envoya un mémoire à Bordeaux par
« le sieur Grenier de Tour, qui fut remis à Ris-
« teau établi au dit Bordeaux, petit-fils de Pierre
« Richeteau, qui répondit en écrivant une lettre
« au dit Richeteau, que le peu de biens que son
« oncle Jean Risteau avait laissés, le Domaine

(1) A Marie Renac.

« s'en était emparé, depuis point de nouvelles de
« part ni d'autre. — Nous ne savons pourquoi
« Matthieu et Jean ont pris le nom de Risteau,
« leur père ayant toujours signé par acte son
« nom Richeteau.

Du 16 juin 1768.

« L'écrit de l'autre part est de la main de mon
« père Matthieu Risteau pour me servir d'instruc-
« tions.

« Le lundy 6 juin 1768 est née à Paris ma
« fille aînée après plus de douze ans de mariage
« avec Anne Le Court, ma femme; elle a été
« baptisée à S'-Eustache aujourd'huy 7 juin et
« nommée Anne-Marie-Henriette, elle a eu pour
« parrain mon père et pour marraine Madame Le
« Court, ma belle-mère.

RISTEAU.

« Le jeudy 22 mars 1770 est née ma seconde
« fille, elle a été baptisée à S'-Eustache aujour-
« d'hui 23 mars et nommée Marie. Elle a eu
« pour parrain mon beau-frère Jean-Baptiste

« *Venès et pour marraine ma mère qui a ajouté à*
« *son nom celui de Sophie (1).*

RISTEAU.

« *Le vendredy 18 février 1785 est morte à Paris*
« *subitement ma fille aînée Anne-Marie-Hen-*
« *riette, fille accomplie pour son âge, pleine de*
« *talents, de vertus et de grâces, dont la mémoire*
« *sera toujours chère à son malheureux père qui*
« *la regrettera jusqu'au tombeau.*
« *Le 16 mai 1789 a été mariée ma seconde fille*
« *dite Sophie Risteau au Sr Jean-Paul-Marie*
« *Cottin fils, écuyer, banquier à Paris.* »

M. Jacques Risteau, l'auteur de ce mémorial, était directeur de la Compagnie des Indes à Paris, ainsi qu'en témoignent l'inscription faite sur le registre des naissances de Saint-Eustache et un annuaire de l'époque. Il avait été chargé d'une des dernières liquidations de cette Compagnie, avant la Révolution.

(1) Le registre de baptême à St-Eustache porte que le parrain se fit représenter par le domestique de Mr Risteau, et la marraine, Marie Renac, veuve de Mathieu Risteau, le fut par la femme de chambre de sa belle-fille.

Quant aux Cottin, l'un d'eux, Henri-Daniel, fut poursuivi, sous Louis XIV, par le procureur du roi, à l'instigation de l'évêque de Noyon, Mgr d'Aubigné, aux fins d'invalider son mariage pour cause d'irrégularité. Il prit un pourvoi contre déni de justice et passa en Angleterre (voir app. II). Ce Cottin a fait souche d'une famille anglaise, qui est actuellement dans une brillante situation.

Un autre, Jean Cottin, fut nommé également directeur de la Compagnie des Indes, par un arrêt du Conseil d'État du 28 janvier 1759, et en cette qualité il reçut de Louis XV des lettres de noblesse (voir app. III). Il avait épousé en premières noces Louise-Aimée Fromaget, fille d'un Fromaget, écuyer, pareillement directeur de la Compagnie des Indes.

Son fils aîné, noble Jean-Louis Cottin, écuyer, né le 6 septembre 1735, épousa, le 15 janvier 1755, Catherine-Jeanne Girardot. Il était banquier à Paris. Au moment de la Révolution, il émigra à Londres et y mourut en 1793.

Il eut trois filles et deux fils. L'aînée, Marguerite Cottin, épousa Théodore Jauge, qui fut guillotiné dans une des fournées de la Révolution (1). Il faisait partie des cinquante-sept qui furent accusés de conspirer contre Robespierre et condamnés à aller au supplice dans la robe rouge des parricides.

Une autre fille était devenue la femme d'un M. Guiraud, de Nîmes, et la troisième épousa son cousin, M. Girardot.

Les deux fils furent André Cottin et Jean-Paul-Marie Cottin, écuyer, le mari de Sophie Risteau.

Ces trois généalogies sont assez difficiles à établir, à cause des membres de ces familles ayant eu la même situation de directeurs de la Compagnie des Indes, alors si prospère, et des mariages entre parents, qui peuvent prêter à la confusion. Elles sont définitives et de source authentique, ce qui nous a permis de redresser les inexactitudes de nombreux biographes (2).

(1) Son exécution est racontée par Lenôtre dans *le Baron de Batz*. Il dit ailleurs, dans ce volume : « Il fallait un agent de change, on prit Jauge. »

(2) Nous tenons du commandant Louis Harlé (app. V), arrière-petit-neveu de Mme Cottin, les papiers de famille qui nous ont permis d'établir ces précisions. Nous lui exprimons notre reconnaissance de l'aide si obligeante qu'il a bien voulu nous donner.

Paul Cottin était à la tête d'une banque à Paris et avait pour associés ses deux beaux-frères, Jauge et Girardot. Cette maison prêtait à l'État, et Paul Cottin ainsi que Jauge en furent remerciés publiquement par une lettre du président de l'Assemblée Nationale (app. III *bis*).

Tous ces ascendants étaient protestants. Cependant, sous Louis XVI, le fils d'une Lemaignan et de Pierre Lemarcis fut élevé dans la religion catholique, afin de pouvoir participer aux emplois publics. Ce Lemarcis fut, en effet, directeur des Contributions Directes à Paris. Depuis, on baptisa fréquemment les fils de cette famille, à la fois à l'église protestante et à l'église catholique. Presque tous étaient dans le haut commerce : orfèvrerie, joaillerie, Compagnie des Indes, banquiers. Ce qui laisse à supposer que la fortune était généralement leur partage.

Marie-Sophie Risteau est née à Paris, place des Victoires, en 1770 et non en 1773, comme le disent la plupart de ses biographes. Elle fut, il est vrai, pour des raisons qui ne sont pas connues, apportée, à l'âge de deux mois, au Bousquet, maison de campagne aux environs de Tonneins,

qui appartenait à M. Venès, beau-frère de
Mme Risteau. Cette propriété lui était venue de
son père, négociant à Bordeaux. C'est entre cette
habitation et Bordeaux que notre héroïne passa
son enfance et sa jeunesse, dans un entourage
protestant, qui tint à la faire rester dans la confes-
sion de ses pères et commença par changer son
nom de Marie, considéré sans doute comme trop
catholique, en celui de Sophie.

Elle dut probablement à ce milieu un peu
sévère et la fréquentation des pasteurs, une attitude légèrement puritaine, alors que son cœur si
tendre et sa vive imagination eussent été plus naturellement attirés vers la chaleur du catholicisme.

A Bordeaux, où sa mère était entourée de ma-
rins et d'armateurs, Sophie Risteau recevait une
éducation solide et cultivait son esprit par les
auteurs anciens qui lui donnaient le goût des lectures intéressantes. Sans être jolie, avec ses cheveux blonds presque roux, s'il faut en croire
lady Morgan, elle attirait par son air doux et
sérieux, au travers duquel se devinait une nature
pleine de sensibilité.

Ce fut âgée de dix-neuf ans, et non de dix-sept

ou dix-huit, comme le disent presque tous ses biographes, qu'elle épousa Jean-Paul-Marie Cottin, écuyer, banquier à Paris, le 16 mai 1789, ainsi que Jacques Risteau son père le consigne sur son livre de raison.

Ce mariage se fit sans doute par les rapports d'affaires des deux familles, dans chacune desquelles se trouvait un directeur de la Compagnie des Indes. Peut-être le jeune homme allait-il à Bordeaux quelquefois voir son beau-frère Jauge, grand armateur de cette ville avant d'aller à Paris faire la banque avec son beau-frère. Ce mari était jeune, n'en déplaise aux nombreux articles qui le représentent comme un vieillard. Il avait vingt-quatre ans, et l'âme sincère de la jeune fille, son cœur tout disposé à l'amour, se donnèrent à lui entièrement.

Le jeune ménage habita rue Saint-Georges, dans un des plus beaux hôtels du Paris d'alors. La fortune considérable du banquier lui permit de s'installer luxueusement, ainsi que le donne à penser l'abandon important de mobilier que fit Mme Cottin trois ans plus tard. Le penchant très développé de cette dernière à la bienfaisance, en fut surtout facilité.

Mais, en 1789, les troubles politiques commençaient en France, et l'horizon s'assombrissait rapidement. Paul Cottin était engagé dans des entreprises commerciales que la Révolution fit échouer. En 1791 il partit pour les Pyrénées avec sa femme et sa belle-mère. Mme Cottin eut alors un aperçu de ces belles montagnes qu'elle voyait pour la première fois et au sein desquelles elle devait, onze ans plus tard, vivre des heures si enchantées, suivies d'autres si cruelles. A peine étaient-ils à Cauterets qu'on proclama la République. Ils résolurent alors de passer en Espagne, ou tout au moins d'aller y faire un séjour de quelque temps. La famille a, de ce voyage, une chanson sur les Pyrénées, attribuée à Mme Cottin, et le passeport qui lui fut délivré à Bayonne, dont voici la copie :

LA NATION

LA LOI ~~ET LE ROI~~ (*sic*)

Passe-port

———

Département des Basses Pyrénées
District d'Ustaritz
Municipalité de Bayonne

———

Laissez passer Dame Sophie Cottin, née Risteau, allant en Espagne en compagnie de son mary, domiciliée à Paris, municipalité du dit lieu, district de même, Département de Paris, femme de banquier, banquier de profession, agée de 18 ans, taille grande et bien faite... cheveux et sourcils blonds, yeux bleus et grandnés long, bouche moyenne, menton arrondi, front ordinaire, visage ovale et prêtez lui aide et assistance en cas de besoin.

Délivré à la Maison Commune de Bayonne le 29 du mois d'Août mil-sept cent quatre vingt douze le quatrième de la Liberté... à cy signé :

GARROU l'aîné.

FAUVIN,   Sophie COTTIN.
maire.

Laissez passer la demois^{lle} ci dessus S^t Jⁿ de Luz le 30 Auguste 1793, l'an 4e de la Liberté et 1ère de l'égalité.

DUCOS, D. m.
maire.

Vu bon pour aller dans l'intérieur de la République à Boulogne (?) le seize janvier 1793 l'an second de la République.

GUERLAIN,
off^r Npl.

Ce passeport semblerait indiquer que, revenu d'Espagne au bout de six mois, le ménage se rendait en Angleterre. Sans doute allait-il retrouver le père de Paul Cottin, car, effrayé des excès auxquels la Révolution commençait à se livrer, celui-ci était parti pour Londres où il mourut en 1793. On se souvient qu'il avait de la famille en Angleterre, depuis le commencement du siècle (1). L'année d'après, Mme Risteau mourut chez sa fille. Jacques Risteau était décédé à Bordeaux en 1792, à l'âge de soixante-six ans.

Peu après, Paul Cottin et sa femme rentraient à Paris, sur la loi de confiscation des biens des émigrés. Le beau-frère et associé du jeune banquier, Théodore Jauge, avait été guillotiné, André Cottin était en prison, et Paul lui-même fut dénoncé comme aristocrate. Car à cette époque terrible, ainsi qu'aujourd'hui, les millions tenaient lieu de lettres de noblesse. Mais l'état de sa santé déjà précaire s'aggrava si subitement (2) qu'il fut

(1) Voir Daniel Cottin et l'évêque de Noyon app. II.
(2) On croit qu'il était atteint d'une angine de poitrine.

enlevé en quelques heures, le 5 octobre 1793, à deux heures du matin, n° 6, rue du Mont-Blanc. Quand ils vinrent le surlendemain pour l'arrêter, les gardes nationaux se trouvèrent en présence d'un cadavre. Il était âgé de vingt-huit ans et ne laissait pas d'enfants.

Sa jeune veuve, atterrée sous un coup aussi inattendu, n'eut même pas le temps de le pleurer. Il fallait partir en hâte, se soustraire à la proscription qui la frappait aussi. Laissant aux délégués de la Convention les richesses que contenait l'hôtel de la rue Saint-Georges, sur lequel ils avaient d'ailleurs mis les scellés, elle s'enfuit à Champlan, maison de campagne que son mari possédait aux environs de Paris.

Cette propriété (1), qui avait alors 200 hectares, était située sur un versant de la charmante vallée de l'Yvette, à quatre lieues de Paris, sur la route de Corbeil à Versailles, entre Palaiseau et Longjumeau. L'habitation, une grande maison blanche, séparée de la route par une haute et massive grille de fer, est la première qu'on aperçoit

(1) Ancien fief de Bonneval, appartient actuellement au docteur Ribot, fils de l'homme d'État.

dès l'entrée du bourg, avec ses deux ailes rejoignant la grille. Elle est toute simple, sans architecture, au toit bas et aux petites mansardes peu élevées. La porte, occupant le milieu de la maison, laisse pénétrer dans le rez-de-chaussée, et de l'autre côté se trouve la véritable façade, que longe une terrasse élevée de quelques marches au-dessus du jardin.

De cette terrasse, le sol descend en pente douce jusqu'à la rivière, qu'on aperçoit un peu plus loin, donnant au paysage ce charme que l'eau y apporte toujours. Au delà, en des tons variés, s'égrènent divers villages, Longjumeau, la vallée boisée de l'Orge, à droite Palaiseau et l'Yvette s'enfuyant dans la vallée de Chevreuse. Au milieu, des corbeilles de fleurs aux couleurs éclatantes mettent une note vive dans la verdure; à gauche, une allée de vieux acacias borde la route et mène à un kiosque assez grossièrement construit, datant du milieu du dix-septième siècle. Il domine cette vue reposante et se compose de deux pièces. C'est là que Mme Cottin venait rêver, méditer et écrire.

Son premier soin fut d'attirer dans sa retraite

sa cousine et amie de cœur Julie Venès (voir
appendice V), mariée, la même année qu'elle,
à Pierre Verdier de la Carbonnière, âgé de
soixante-trois ans. Elle en avait dix-sept et avait
fait une condition de son mariage de venir habiter Paris, malgré les nuages politiques qui s'amon-
celaient. Depuis cette époque, deux filles lui
étaient nées, et elle attendait un troisième enfant.
Ces grossesses rapprochées, jointes à l'humeur
plutôt difficile de son mari, lui avaient peut-être
causé quelque désillusion sur cet état de mariage
que les jeunes filles désirent le plus souvent sans
se rendre compte de ses obligations et de ses difficultés. Elle répondit donc volontiers à l'appel
de sa parente, qu'elle aimait tendrement aussi, et
vint s'établir auprès d'elle avec M. Verdier et ses
deux petites filles. Sa sœur, Félicité Lafargue, ne
tarda pas à l'y rejoindre.

Mais la douleur très vive qu'éprouva Mme Cottin de la mort de son mari, fut accompagnée
d'un désastre financier, qui lui causa beaucoup
de préoccupations et d'ennuis. Ce ne fut pas toutefois une aggravation de son chagrin, car la
noblesse de sa nature et aussi son ignorance de

la valeur de l'argent ne laissaient pas place à des
sentiments intéressés. Ce dont elle souffrit le
plus, c'est de la pensée qu'il lui faudrait restreindre ses aumônes, car elle venait libéralement
au secours de ses protégés.

Elle fut aidée dans cette circonstance par un ami
et associé de son mari, riche négociant et grand
armateur de la Compagnie des Indes. Il habitait
alors le numéro 78 de la rue de Richelieu, au
coin de la rue Saint-Marc. Sous la raison Gramagnac et Frainais, c'était là l'entrepôt des cache-
mires et autres étoffes que ses vaisseaux appor-
taient des Indes. Depuis, cette Compagnie s'est
transportée un peu plus bas dans la même rue, à
l'angle de la rue Feydeau, ainsi que chacun sait.
Gramagnac s'occupa avec le plus grand dévouement de débrouiller les affaires de la jeune
femme, et tous deux échangèrent à ce sujet de
nombreuses lettres : celles que M. de Gannier a
reproduites dans *le Correspondant.*

Le changement pécuniaire qu'apportait forcément un certain passif laissé par le banquier, ne
préoccupait pas sa veuve autant que son sage
mentor, passablement plus âgé qu'elle. Il aurait

voulu lui voir diminuer son train de maison, tout au moins jusqu'à ce qu'elle sût plus au juste de quelle somme de revenus elle pouvait disposer. Elle avait d'abord promis de se conformer à ses prudents conseils. D'autre part, sa cousine Julie l'engageait à faire quelques améliorations à Champlan; et, après avoir résolu d'attendre pour cela, elle se laissa aller à acheter des meubles, à augmenter son personnel au lieu de le restreindre, bref à se lancer dans des dépenses qui auraient pû être différées. Il y avait surtout un certain Bigan, jardinier, dont le manque de scrupules la tourmentait. Il était désigné comme victime des réformes un instant projetées et bénéficia de ce revirement.

Alors paraît cette correspondance dans laquelle on voit, ainsi que par les lettres qui suivront, la nature bonne et douce de cette aimable femme, sérieuse et tendre à la fois, avec des envolées de réelle poésie, mêlées à une teinte de moraliste pleine de finesse, même de pieuse philosophie. Là, son style n'emprunte pas au faux goût de l'époque, comme dans ses livres, des phrases emphatiques et solennelles, qu'à cette heure nous

supportons si difficilement. Il est simple, même
dans les moments pathétiques, ce qui en augmente
l'impression; sa pensée et la manière dont elle
l'exprime, nous la font mieux connaître et mieux
juger.

La première de cette série, datée du 5 vendé-
miaire an II, mise à la poste de Longjumeau, est
adressée à M. Gramaignac (Mme Cottin écrit tantôt Gramagnac, tantôt Gramaignac), rue Honoré
près des Jacobins, Paris. On peut y voir qu'elle se
rend compte de ses propres changements d'impressions :

« Mes scellés, écrit-elle, ont été levés hier, sur
« la demande de Vassal, par l'ordre du Comité de
« Sûreté générale. J'attends à présent la permis-
« sion de retourner à Paris; je ne suis pas sûre
« d'en faire usage, mais je veux être libre. J'écris
« au citoyen Musay, pour qu'il persiste à me la
« faire avoir.

« Je suis très bien à la campagne. Je ne sens
« bien les charmes de ma retraite que lorsque
« j'en ai joui pendant quelques jours et alors
« chaque instant m'y attache davantage; alors je
« ne veux plus la quitter. Pourquoi donc ne suis-

« je pas plus empressée d'y revenir quand j'en
« suis éloignée? Comment se fait-il que je ne la
« regrette pas davantage? En vérité, je n'y com-
« prends rien. . . . . Julie me gronde d'avoir
« attendu un an pour arranger Champlan, tan-
« dis que je suis toujours dans la même incer-
« titude et qu'il est apparent que la conclusion va
« enfin arriver. Ma patience échoue au port, dit-
« elle. Cela est vrai; mais, tout en convenant
« qu'elle dit vrai, je ne m'en sens pas moins
« disposée à agir comme si c'était moi qui eut
« raison. Je me gâte depuis quelque temps,
« ma raison et mon goût sont souvent en contra-
« diction, et presque toujours c'est ce dernier qui
« l'emporte, et qui plus est je ne fais presque
« aucun effort pour l'empêcher... Je vois mes
« torts, je les calcule, mais je ne les sens pas.
« Si vous aimez à moraliser, je vous donne prise
« sur moi. »

Quelques jours après, Mme Cottin obtenait
l'autorisation d'aller à Paris. Elle vint y passer
deux jours, mais n'en prévint Gramagnac qu'au
moment où elle repartait.

Ceci est bien féminin. Et pourquoi ne l'avait-elle pas averti qu'il pourrait lui parler, au lieu de lui écrire? Avait-elle déjà entrevu que, dans ses lettres *d'affaires*, il se mêlait quelque chose de plus particulier pour la jeune et charmante amie, des intérêts de laquelle il s'occupait? Déjà se refusait-elle à lui donner le moindre encouragement? Toutes les femmes ont eu un ou plusieurs romans, même quand elles n'ont pas la célébrité qu'on ne pouvait encore prévoir pour celle-ci. Certaines s'en tiennent à un seul et, tout en aimant encore les hommages pressants, sentent que la réciprocité leur est impossible. Celles qui sont coquettes s'en amusent, les honnêtes s'en défendent. Pour le moment, le cœur de Mme Cottin ne parlait plus; elle se promettait que cet amoureux sexagénaire en serait pour ses frais.

Elle se contenta donc de lui écrire, au moment du départ :

« Je viens m'accuser d'être venue à Paris et de
« ne vous le dire qu'au moment de partir. Pour
« diminuer mon tort, je pourrais alléguer d'assez
« bonnes raisons, mais je laisse à votre amitié le
« soin de me justifier, et je passe aux affaires...
« J'ai passé toute ma matinée avec les citoyens

« Fleury et Tripier. Ils ont arrangé l'affaire de la
« Compagnie des Indes. Ce dernier doit s'en-
« tendre avec vous pour le paiement. En atten-
« dant, voici la note que le citoyen Fleury m'a
« laissée, où vous verrez que la dette est beau-
« coup plus forte que nous ne pensions. Si Robin
« n'a pas payé et que vous soyez gêné pour
« remettre les fonds, j'ai quinze mille francs
« encore chez moi, que je vous enverrai par la
« première occasion. »

Bien que Mme Cottin prétendît n'entendre rien
aux affaires, elle en avait pourtant quelque connaissance, ainsi que le témoigne la lettre suivante :

« Voici une lettre que je reçois de Bordeaux,
« lisez-la et conseillez-moi. Voilà M. Toubery qui,
« pour me payer sur-le-champ, propose de don-
« ner quinze mille francs de plus qu'il ne doit, je
« suis maîtresse de refuser et de vouloir qu'il
« garde mes fonds. Mais il est maître aussi de
« me payer tout de suite s'il veut, et dans six
« mois le temps prescrit pour les laisser dans ses
« mains sera expiré et sans doute il me paiera
« alors tout de suite. Croyez-vous donc que je

« ferai bien de recevoir ce paiement et de le
« changer en denrées coloniales, ainsi que mon
« cousin le propose? Trouvez-vous que les prix
« qu'il m'annonce soient trop forts? Je m'en tiens
« à votre avis et je lui répondrai en conséquence;
« le seul embarras que j'aurais en faisant venir
« ces marchandises, et il est considérable, ce
« serait de les vendre et de les bien vendre.
« Enfin donnez-moi, je vous prie, quelques idées
« à cet égard, car je n'en ai aucune.

« Peut-être mon cousin serait-il bien aise
« d'avoir des fonds pour envoyer à son compte
« des marchandises à Paris; alors je pourrais lui
« proposer de lui en prêter et d'être de moitié
« avec moi dans l'envoi qu'il me ferait. Il aurait
« alors un fort intérêt à acheter au meilleur mar-
« ché possible et m'aiderait peut-être à m'en
« défaire ici. Je vous en prie, mon bon ami,
« répondez-moi le plus tôt possible.

« Les deux tapis que vous aviez achetés pour
« M. Jauge sont à moi, il me les avait cédés bien
« longtemps avant d'être incarcéré, ainsi je doute
« que personne ait pu en faire la déclaration.
« C'est ceux-là dont je vous parle et qui ont

« coûté dans le temps, je crois, 1 300 francs. Ils
« sont à Champlan, où M. Jauge me les avait
« cédés, c'est-à-dire près de deux ans, et je m'en
« suis toujours servie.

 « Ce 6 messidor (24 juin 1793). »

Dans la lettre suivante, toujours consacrée au paiement de la dette, Mme Cottin se hasarde cependant à parler à son correspondant de sa vie intime. Il avait perdu sa femme, laquelle avait été la digne épouse de cet excellent homme, et il ne cachait pas à sa jeune amie que le vide de cette perte lui pesait lourdement, que ses enfants ne le comblaient pas. En plus, il avait de graves préoccupations d'argent pour lui-même, mais ce n'était rien auprès de la tristesse qu'il éprouvait, à voir, lorsqu'il rentrait chez lui, la place inoccupée de celle qui y manquait.

Mme Cottin sympathise avec lui.

« Je vous plains d'être tellement accablé d'af-
« faires. Je ne connais pas de vie plus fatigante
« que la vôtre, plus sevrée d'adoucissements.
« Dehors, c'est de l'ennui; dans l'intérieur c'est
« encore pis. Oui, vous êtes malheureux, vous

« l'êtes beaucoup. Votre situation m'afflige et ce
« n'est pas sans peine que je vois que l'image de
« vos amis ne calme pas votre tristesse. Cepen-
« dant, si j'en jugeais d'après moi, il me semble
« que le sentiment de l'amitié, si doux, si pai-
« sible, repose au lieu d'émouvoir et que l'idée
« d'une amie, loin d'agiter, donne au contraire la
« paix à l'âme. Du moins, entourez-vous de vos
« enfants, surtout de votre fils, occupez-vous de
« lui, de son avenir. Oui, je vous approuve de
« mettre sur lui les jouissances que vous pouvez
« espérer encore, lui seul vous en donnera de
« réelles, toutes les autres sont incertaines et pas-
« sagères. Je vous engage à remplir toutes vos
« heures de solitude par cet objet, il doit suffire
« au cœur d'un père. Ha! que n'ai-je la même
« consolation, que ne puis-je presser sur mon
« sein une jeune image de celui que j'ai tant
« aimé! Mais tout a fini avec lui, jusqu'à l'espé-
« rance. »

Car Gramagnac s'était enhardi à lui faire entendre un peu plus clairement que sa tristesse
avait besoin de consolation. En s'occupant de ses
affaires, il avait senti que c'était surtout elle-

même qui l'intéressait. Il la désirait, il lui serait doux de voir cette femme jeune, charmante, intelligente, remplacer Mme Gramagnac, et, au lieu de se calmer en pensant à elle, elle lui était la source d'un nouveau tourment, « son souvenir l'agitait ».

Alors, Mme Cottin, dont le bon cœur ne voulait pas rudoyer ce fidèle ami, se met en devoir de lui persuader que la consolation doit lui venir de ses enfants. Elle l'exhorte à s'en occuper davantage et lui remontre que le sentiment paternel doit lui suffire. Assurément, il y a un peu d'hypocrisie, toujours bien féminine, à essayer de le détourner d'elle par ce moyen. Mais elle va plus loin, elle s'approche davantage du terrain brûlant en évoquant le souvenir de son mari et en lui disant : « Tout a fini avec lui. »

Gramagnac comprit-il, ou voulut-il à son tour user de ruse pour l'amener à son but en se faisant désirer, mais il cessa pour le moment de paraître à Champlan.

Il réussit en partie, car Mme Cottin s'en inquiéta et se demanda si elle n'avait pas été trop loin. C'est que, tout en ne voulant pas répondre à son

amour, elle tenait à ne pas le perdre. Au fond, la
femme est toujours sensible au sentiment, passionné qu'on éprouve pour elle.

Elle lui écrivit donc :

« Hé bien, que devenez-vous, on n'entend
« plus parler de vous du tout? Vos éternelles
« affaires vous retiennent toujours, je vous
« souhaite bien du plaisir. En attendant, la belle
« saison se passe, et vous ne retrouverez plus
« Champlan que dépouillé de sa verdure. Déjà
« les arbres jaunissent, les feuilles s'amoncellent
« sur la terre, l'hiver s'approche, habillé de
« brouillard et de frimas... Mais je me résigne
« d'avance à tous les désagréments qui le suivent.
« Avec mes amis, mes bons amis, une petite
« pièce bien chaude, bien close, où nous serons
« tous réunis et où j'espère vous voir quelque-
« fois, nous oublierons peut-être la glace et la
« neige. »

Le vieil amoureux ne se rend pas davantage
à cet appel; Mme Cottin le lui fait renouveler par
Mme Verdier.

Il avait été question que la jeune veuve adoptât
un des enfants de sa cousine Julie, et c'est à ce

propos que cette dernière relança l'ami commun.

« Nous vous attendons, lui écrit-elle, pour
« vous parler d'une grande affaire, celle de
« l'adoption. Je voudrais que le jour, le moment
« fût choisi, pour traiter un sujet aussi impor-
« tant, aussi intéressant. Je voudrais pouvoir
« vous parler de mon amie (Mme Cottin) de la
« manière la plus ouverte, vous bien mettre ses
« idées et les miennes dans la tête, ses sentiments
« et les miens dans le cœur, et puis laisser mûrir
« tout cela dans votre tête et n'en connaître le
« résultat que quand vous seriez en état de nous
« le dire. Voilà ce que je désirerais, mais j'y
« renonce en partie. C'est votre faute aussi et
« vous y perdez. »

Mais, tout en lui reprochant de ne pas venir à
Champlan où sa présence est nécessaire pour
réaliser l'adoption, elle se dit qu'il a peut-être
une excuse et finit par le plaindre.

« Voilà aussi ce que je crois, continue-t-elle, il
« faut bien que vous soyez malheureux, car je
« m'aperçois que tout ce que je connais de vous,
« me fait toujours dire : Que je le plains! Qu'il
« est à plaindre! Il est bien pénible d'éprouver

« ce sentiment pour ceux qui vous inspirent de l
« l'intérêt; il serait si doux au contraire de se
« dire qu'ils sont heureux. Ah! si je pouvais le
« penser sur celle que j'aime, quel baume conso-
« lateur serait répandu sur toute ma vie, quelle
« sensation toujours plus aimable et plus chère!
« Je serais en état de toujours connaître, de tou-
« jours sentir Sophie heureuse; quel charme
« auraient ces deux mots s'ils pouvaient s'allier
« ensemble! Mais un ange peut-il être heureux
« sur cette terre! ce sujet m'oppresse et me dé-
« chire... il est l'objet continuel de ma pensée et
« je n'en suis pas plus avancée...

« Mon amie vous demande les lettres sur l'as-
« tronomie de M. Bailly; lasse de la terre, elle
« veut voir si le ciel lui convient mieux; ange
« charmant, si je pouvais te faire planer dans la
« région du bonheur, je ne demanderais que des
« ailes pour t'y conduire... Elle voudrait avoir de
« la musique nouvelle, point de sonates, des
« romances nouvelles, pour le piano et qu'elles
« soient pour la harpe peu importe, mais l'autre
« musique, il faut qu'elle soit pour le piano. En-
« voyez à Sophie six aunes de ruban large gris, etc.

« Adieu, venez vous reposer un peu, le bruit,
« les occupations ne distraient pas; les senti-
« ments sont moins distincts, mais l'âme n'en est
« que plus assombrie. Je vous remercie de vous
« être souvenu de mes enfants. Parlez-moi des
« vôtres, et puissent les aimables et innocentes
« créatures adoucir par leurs caresses les cha-
« grins de leur père. »

Il semble que toute cette famille eût vraiment
un don littéraire, car la haute tenue de cette lettre,
tout en n'ayant pas le charme de celles de sa cousine, est bien de la même parenté.

De son côté, Sophie lui mandait poétique-
ment : « N'oubliez pas, je vous prie, l'achat de
« mes instruments. Je me fais une idée charmante
« de transporter l'harmonica dans le petit pavil-
« lon au bas du jardin et d'y aller au clair de
« lune une belle nuit d'été, pendant que tout
« repose dans le silence. Il me semble qu'au
« milieu de cette faible obscurité et de ce repos
« universel, ces sons auraient mille fois plus d'ef-
« fet; ajoutez-y la suave émanation des fleurs, le
« murmure sourd de la pièce d'eau et le léger
« frémissement des feuilles. Il me semble que

« tout cela est fait pour causer une impression
« délicieuse et vive, trop vive peut-être et qu'il
« serait plus prudent de s'épargner, mais ne
« soyez pas prudent pour moi et, je vous le
« répète, n'oubliez pas l'achat de mes instru-
« ments. Bonsoir, mon bon ami.

« Dites-moi, je vous prie, si vous avez des
« nouvelles de votre sœur. J'aurai bien du plaisir
« à vous savoir une amie auprès de vous et une
« amie à qui vous puissiez confier toutes vos
« peines, épancher votre cœur en entier. Oui,
« j'ai du plaisir à vous savoir une consolation
« que je ne peux pas vous donner. »

Elle lui écrit de nouveau le 22 brumaire
(12 novembre) :

« Hier soir je causais avec Félicité sur l'édu-
« cation et principalement sur celle de nos en-
« fants. Nous parlâmes d'Agathe (sa fille) et je
« dis qu'elle se faisait illusion sur cette enfant.
« Ce que vous m'en aviez dit il y a quelque
« temps me revint à la mémoire, et c'est précisé-
« ment parce que vos remarques lui étaient
« défavorables, que je crus nécessaire de les lui
« communiquer. J'ajoutai que ces observations

« venaient de vous, afin qu'elles fissent plus
« d'impression sur son esprit, car Félicité a beau-
« coup de confiance en vous. Cet aveu a été
« utile, comme la vérité l'est toujours; elle a
« senti la nécessité de corriger beaucoup de
« choses sur lesquelles elle s'aveuglait; mais sur
« les moyens à prendre, elle a besoin de nou-
« velles lumières. Vous avez trouvé des torts à
« l'enfant, n'en avez-vous point aperçu dans la
« mère? Dites la vérité sans ménagements? Si la
« politesse la couvre de voiles, c'est à l'amitié à
« les écarter. Félicité est persuadée que si sa fille
« est mal, le mal vient de la manière dont elle a
« été élevée; elle est donc empressée à réparer le
« mal qu'elle a fait, s'il en est temps encore. Elle
« ne la voit que tardive, il me semble que vous
« l'avez jugée nulle... Enfin, je désire que vous
« me disiez encore ce que vous pensez d'Agathe,
« la cause à laquelle vous attribuez son excessif
« retardement et les moyens susceptibles de hâter
« son développement.

« Je vous réitère aussi de m'envoyer, le plus tôt
« que vous pourrez, les lois sur l'adoption...
« C'est un sujet dont je m'occupe depuis long-

« temps avec mon amie. Je désire qu'elle me
« donne entièrement un de ses enfants, je con-
« sacrerais mon temps, ma vie, à m'en occuper,
« il remplirait le vide de mon cœur, je placerais
« sur lui toutes mes affections, toutes mes pen-
« sées, sa vie deviendrait ma vie, son bonheur
« serait le mien. Quand on a vécu dans un autre,
« il est si dur de revenir à soi; je ne puis plus
« aimer comme j'ai aimé, mon âme est fermée à
« jamais à ce sentiment doux et pénétrant qui
« m'a animée quelques instants, mais je puis ché-
« rir cet enfant, je puis m'oublier pour lui... oui,
« je crois être sûre de pouvoir devenir la mère de
« l'enfant de mon amie, je crois pouvoir remplir
« tous les devoirs que ce titre m'impose, je suis
« sûre de mes sentiments actuels, je crois pou-
« voir répondre du reste de ma vie. De ma part,
« il n'y a donc nul obstacle, mais Julie a des rai-
« sons pour hésiter, elle en a de très bonnes, j'en
« conviens. Lorsque vous viendrez, nous cause-
« rons de cela avec vous, je serai bien aise de
« connaître vos idées. »

Un peu plus tard, Mme Cottin abandonna cette
pensée d'adoption, sur les remarques que lui fit

M. Gramagnac. Il trouva peut-être qu'il y aurait dans cette mesure quelque injustice vis-à-vis des autres neveux.

A ces préoccupations diverses, les dissentiments du ménage Verdier ajoutaient d'une façon aiguë et personnelle. Car l'attachement passionné de Sophie pour sa cousine lui faisait prendre une vive part à tout ce qui l'atteignait, et elle-même n'échappait pas, d'ailleurs, aux emportements de ce mari qui paraît avoir été autoritaire et jaloux.

Aussi, écrivait-elle à Gramagnac le 23 brumaire an II (13 novembre 1793) :

« Nous sommes dans l'état le plus cruel.
« M. Verdier abuse de notre sexe, de notre âge,
« de notre faiblesse, pour nous traiter avec une
« indignité dont je n'avais pas idée. Sa fureur est
« d'une violence dont vous seriez effrayé. Nous
« ne savons que faire sans protecteur, sans guide,
« nous nous trouvons abandonnées à la colère
« d'un homme qui ne ménage rien, qui nous
« menace des dénonciations les plus calom-
« nieuses... Si vous pouvez venir, mon bon ami,
« nous protéger, nous guider, vous nous aideriez
« peut-être à sortir de la plus dure situation et

« vous calmeriez peut-être les intentions mé-
« chantes de cet homme.

« *P.-S.* — Il vient de partir pour Paris.
« J'ignore s'il va réaliser ses menaces. Tâchez de
« le voir, de l'engager à partir pour son pays.
« Voyez ce qu'il y a à faire pour nous ramener
« la tranquillité. Il demande sa femme, ses
« enfants... Sa femme, ses .enfants, ne peuvent
« suivre un tel homme. »

« Le 26 brumaire (16 novembre 93).

« Si vous voyez M. Verdier, ne cherchez point
« à le calmer en entrant en accommodement
« avec lui. Toute démarche qui engagerait moi
« ou sa femme à vivre avec lui, ne serait point
« reçue. Il y a longtemps qu'elle dévorait ses
« larmes et qu'elle gardait le silence sur les soup-
« çons outrageants qu'il osait lui montrer : elle
« a souffert trop longtemps, c'est là son seul tort
« à mes yeux. Mais aujourd'hui tout est rompu,
« il n'y a plus rien entre eux, et le divorce les
« rendra aussi étrangers l'un à l'autre qu'ils au-

« raient dû l'être toujours. Cette décision est iné-
« branlable, rien ne peut la changer. M. Verdier
« doit s'y attendre. Tâchez, mon ami, de l'engager
« à retourner chez lui. C'est un fou et un mé-
« chant. Il a répandu mille horreurs dans ma
« maison, il a empoisonné notre paix, il dégra-
« derait la vertu même si elle pouvait l'être. Non
« jamais un tel être ne vivra près de moi, je croi-
« rais faire une chose mauvaise et coupable que
« d'y consentir, je veux que tout ce qui m'entoure
« soit pur et honnête.

« Mon ami, je serais bien aise de vous voir, ma
« Julie le désire beaucoup, nous avons bien des
« choses à vous dire. »

Sans doute Gramagnac répondit à son appel et
tâcha de calmer les deux cousines. Il n'y réussit
qu'à moitié, car, peu de jours après, Mme Cottin
lui écrivait encore :

« Nous n'avons que des nouvelles très calmes
« du citoyen Verdier. J'espère qu'il persistera à
« retourner dans son pays. Il me tarde qu'il soit
« bien loin, il me tarde surtout que mon amie ait
« brisé tout à fait la chaîne qui lui a fait verser
« tant de larmes. »

Pourtant les choses s'arrangèrent et il ne résulta
rien de ce grand courroux, provoqué peut-être
par un accès de jalousie maritale vis-à-vis de
l'amie intime de sa femme; le cas est assez fré-
quent. Ce qui est certain, c'est que, peu de mois
après que Mme Cottin fut revenue à de meilleurs
sentiments vis-à-vis de son cousin, le cœur de ces
deux femmes fut sincèrement ému de ce qui lui
arriva, et elles firent tout au monde pour lui venir
en aide.

Pierre Verdier de la Carbonnière, gouverneur
de la ville du Puch-de-Gontaud et lieutenant du
roi au Mas d'Agennais, fut dénoncé du pays
même où il s'était fait des ennemis. On l'arrêta à
Paris ou peut-être à Versailles, et on l'enferma
dans la prison de cette ville.

Mme Cottin écrivait à ce sujet à Gramagnac :

« Champlan, le 27 prairial (15 juin 1794).

« Depuis que vous n'avez entendu parler de
« vos amies, elles ont eu de nouvelles peines, et
« je m'attends chaque jour à en éprouver encore.
« Les ennemis, les débiteurs du citoyen Verdier

« à Tonneins ont envoyé ici au comité de sur-
« veillance une dénonciation également fausse et
« fâcheuse. Ces gens si simples et ignorants ont
« eu peur, ont renvoyé l'accusation aux autorités
« supérieures de Versailles; c'est là qu'on a jugé
« à propos d'envoyer chercher ce bon et malheu-
« reux vieillard, on l'a transféré dans les prisons
« de Versailles, il y est depuis plusieurs jours.

« J'ai été avec Julie au comité de surveillance
« de Versailles, au district du département, à
« Saint-Germain, parler au représentant du
« peuple; partout on nous a donné de l'espé-
« rance, mais ce sera long comme tous ces
« genres d'affaires, et pendant ce temps ce pauvre
« homme languira dans une prison, éloigné de
« sa femme, de ses enfants. J'ai laissé hier Julie à
« Versailles pour une affaire que j'avais à ter-
« miner ici, je compte l'aller rejoindre dans peu
« de jours. Nous sommes tourmentées, affligées,
« bon ami, au milieu de tout cela. J'ai été trop
« occupée tous ces jours-ci pour vous donner de
« nos nouvelles, mais je ne le serai jamais assez
« pour ne pas penser à vous souvent, et la multi-
« tude d'inquiétudes et de chagrins qui m'acca-

« blent ne pourront jamais me distraire de l'at-
« tachement que vous m'inspirez. Parlez-moi
« donc de vous comme d'un objet qui m'inté-
« resse infiniment...

« Mon bon ami, plaignez-moi et aimez-moi
« toujours. »

Puis elle écrivait au citoyen Victor de Lamothe,
à Sainte-Foy-sur-Dordogne :

« Je sais que ma cousine devait vous écrire,
« citoyen. Vous attendez la réponse sans doute
« avec inquiétude, je veux vous délivrer de cette
« pénible attente en vous expliquant la cause de
« son silence. Il est vrai que cela même ne fera
« que remplacer une peine par une autre, puisque
« je n'ai que de tristes nouvelles à vous ap-
« prendre.

« J'étais avec cette amie si chère et nous jouis-
« sions ensemble du seul bien qui nous reste,
« lorsqu'une dénonciation contre son mari est
« venue troubler notre paix. Les créanciers qu'il
« a dans le pays, ont écrit à notre comité de sur-
« veillance pour l'accuser d'incivisme, et sur cela
« on l'a envoyé dans les prisons de Versailles.
« J'espère cependant que la conclusion sera aussi

« prompte que favorable. Julie est établie à Ver-
« sailles depuis quinze jours, pour accélérer, s'il
« est possible, le jugement. Tous les administra-
« teurs l'ont assurée que la dénonciation était
« vague et dénuée de preuves, et qu'au contraire
« celles qu'elle donnait attestaient, d'une manière
« sûre, le patriotisme de son mari.

« Je vous promets, citoyen, de ne pas oublier
« la part que vous prenez à nos peines, et aussi-
« tôt que j'aurai quelque chose d'heureux à cet
« égard, je me hâterai de le partager avec l'ami
« aimable et sincère qui s'intéresse à nous.

« Je ne vous dirai rien de moi. La nuit, la nuit
« la plus noire lorsqu'elle m'enveloppe d'épaisses
« ténèbres, est encore moins sombre que mon
« âme.

« Je n'ai point accompagné mon amie. Il est
« juste qu'il reste une mère aux enfants. Je veille
« sur eux, je mets tout mon temps et toutes mes
« idées à les conduire sainement, mais le malheur
« m'a tellement froissée, que je me trouve bien
« au-dessous d'un pareil emploi. Je n'ai point
« cette égalité d'humeur qui, toujours éloignée
« des excès, sait tenir un juste milieu : je suis

« toute à eux et je les adore, ou je suis toute
« à moi et je les oublie.

« J'élève toutes mes pensées vers le ciel, l'ange
« qui l'habite m'entraîne après lui. Je me sens
« déjà détachée de la terre.

« Je ne vous demande point de continuer à
« m'aimer, mais n'ayez aucune aigreur contre
« moi. Il me serait dur de faire éprouver cette
« sensation à quelqu'un et cela accroîtrait un peu
« ma peine. Dites seulement : cette pauvre créa-
« ture est devenue presque nulle, mais, si elle
« n'eût pas été brisée, elle aurait été capable de
« bons sentiments et digne de l'affection des
« gens de bien. »

« 11 messidor (29 juin).

« Les enfants se portent à merveille. L'intéres-
« sante Félicité est toujours avec moi, elle attend
« son fils, il doit venir subir un examen pour
« entrer dans le génie. »

Il s'agit de Félicité Lafargue et non pas Jauge,
comme le dit M. de Gannier. Ce fils est probablement celui qui, devenu amoureux de sa cousine, se brûla la cervelle dans le jardin de Cham-

plan. Cet événement tragique n'a du reste pas été confirmé par la famille. Quant à ce Victor de Lamothe, on ne sait qui il est et comment il faut prendre cette phrase : « Je ne vous demande pas de continuer à m'aimer... » Peut-être lui aussi était-il tombé sous le charme de l'aimable veuve.

Quelques jours après, Mme Cottin lui écrivait encore :

« Le ton de ma lettre sera moins triste aujour-
« d'hui, citoyen. J'ai une bonne nouvelle à vous
« annoncer, une nouvelle qui me pénètre de
« plaisir et qui réjouira votre bon cœur. Ma Julie
« est accouchée ce matin d'une manière très
« hardie, car, un quart d'heure plus tard, cet évé-
« nement nous surprenait au milieu du grand
« chemin.

« J'étais à Versailles avec elle, depuis plusieurs
« jours. Cette nuit les douleurs l'ont prise. Effrayée
« de se voir loin de ses enfants et dans une
« auberge, elle a voulu partir. La route a été
« très pénible. J'avais au fond de mon cœur
« l'écho de ses souffrances, j'éprouvais en inquié-
« tude tout ce qu'elle sentait de douleurs. Enfin,
« nous voilà mères d'une troisième fille. Je ne

« m'afflige point de leur sexe, toutes les situa-
« tions ont leurs jouissances, et une femme, quoi
« qu'elle en dise, peut être une créature heureuse;
« elle peut souffrir aussi beaucoup. Oui, personne
« ne le sait mieux que moi; mais cette peine
« n'appartient pas seulement à mon sexe, elle est
« l'apanage de tous ceux qui savent aimer, et
« malgré tout, qui voudrait renoncer à aimer?...

« Bonjour citoyen, je retourne auprès de mon
« amie, le seul être sur terre qui soit près de
« mon cœur. L'affaire du citoyen Verdier traîne
« toujours, mais elle finira bien, et je vous en
« donnerai des nouvelles, lorsqu'il reviendra
« parmi nous.

« 1er fructidor (18 août)
« an II de la République (1794). »

Quinze jours après, Julie Verdier écrivait elle-
même à Victor de Lamothe l'élargissement de son
mari.

« Le 18 fructidor (4 septembre 1794).

« Je vous remercie bien de vos félicitations
« sur mes heureuses couches, je l'ai échappé

« belle, je vous assure, et ma pauvre amie a bien
« eu sa part de souffrance — mais n'allez pas
« croire que je vous écrive pour vous remercier;
« non, c'est pour vous apprendre que mon mari
« est libre depuis hier soir à dix heures. Il était
« couché dans sa prison, on le fit lever bien vite
« pour le faire sortir, nous le reverrons demain
« à dîner. Voilà ce que nous nous empressons,
« ma Sophie et moi, de vous apprendre, bien
« assurées que vous partagerez la joie que nous
« éprouvons. Moi, je vais fort bien, très bonne
« nourrice et mère d'une fillette qui promet déjà
« beaucoup en sagesse et en douceur.

« J'ai déjà promené dans les bosquets avec
« mon amie. Venez partager le charme que
« j'éprouve à m'y trouver avec elle et nous féli-
« citer de ce qui nous a causé bien de la joie, à
« elle et à moi. Nous avons déjà embrassé de
« bon cœur le citoyen Girardot et il lui tarde
« bien d'apprendre la sortie de son autre beau-
« frère (1). Ma sœur (2) est à Paris depuis hier.

(1) André Cottin, qui avait été emprisonné comme
suspect.
(2) Félicité Lafargue.

« Adieu, je vous dis aussi salut et amitié de bon
« cœur.

« Julie VERDIER.

« *P.-S.* — Comme mère, je sais bien ce qu'il
« en coûte de quitter son enfant, mais l'air de la
« campagne est si frais, si salutaire, que nous
« pensons au plaisir et au bien qu'il ferait à votre
« aimable Léonore, et votre femme nous ferait
« bien plaisir de nous en faire le sacrifice un
« ou deux jours ou quelques jours. Je suis
« déjà mère de trois enfants, elle pourrait
« compter sur mes soins et sur ceux de l'amie
« qui sait toujours remplacer la plus tendre des
« mères. »

Julie Verdier avait travaillé à l'élargissement de
son mari, non pas en hâtant le jugement comme
elle l'avait pensé d'abord, mais au contraire en
obtenant à prix d'argent que l'examen de son
dossier fût déplacé et reculé. C'est ainsi qu'il attei-
gnit le 9 thermidor. Sa femme revint avec lui à
Champlan en passant par Guibeville, propriété
en Seine-et-Marne, habitée par la veuve de Jean
Cottin, son fils André et sa fille Mme Jauge.

Durant le voyage qui se fit en cabriolet, Mme Verdier était habillée en tricoteuse, avec une carmagnole, des sabots et une large cocarde tricolore à son bonnet.

Ce qui paraît singulier dans toute la correspondance de Mme Cottin et de sa cousine à cette époque, c'est qu'il n'est pas question des terribles événements qu'elles traversent, de l'inquiétude qui régnait chez tous, de la fin tragique des victimes de la Terreur, même quand ces victimes appartenaient à leur propre famille. Ce silence est inexplicable. Faut-il en accuser l'égoïsme et la légèreté d'esprit, qui faisait qu'à cette époque, à côté de la guillotine fonctionnant sans arrêt sur la place Louis XV, le reste des Parisiens vaquait à ses occupations habituelles et s'en allait tranquillement au théâtre? Pourtant ces femmes avaient du cœur, de la sensibilité. Il faut plutôt croire à leur crainte de se compromettre, sentiment bien permis à un moment où un simple mot vous rendait *suspect*.

C'est peut-être à cette époque que la santé de Mme Cottin commença à se ressentir de ses cruelles émotions, de sa fatigue aux détails maté-

riels qu'entraînait son changement de situation et
de ses soucis d'affaires.

C'est vraisemblablement à Gramagnac que
Julie Verdier écrivait ceci :

« Ma cousine va mieux, cher citoyen, et je
« vous remercie de vos avis. Cependant le mieux,
« quoique bien sensible, ne lui laisse pas la force
« de rester longtemps hors de son lit. Elle est
« faible et ne prend rien encore. Elle ne veut
« entendre parler d'aucun remède. Je crois en
« effet qu'il n'en est aucun de bon aux nerfs, car
« ceux de ce chirurgien ne lui ont pas fait plus
« de bien. Enfin, ce qu'il y a de bien clair, c'est
« que ce n'est plus une maladie que nous avons
« à craindre, mais je vois avec une peine extrême
« combien ses nerfs sont susceptibles, et je crains
« qu'ils ne lui préparent habituellement des souf-
« frances pénibles et très vives, insupportables
« même, à la moindre occasion. »

Cependant, les affaires de cœur de Gramagnac
ne marchaient pas davantage. Non seulement
Mme Cottin lui déclarait que son âme était à
jamais fermée à ce sentiment si doux qui l'avait
jadis pénétrée, mais, un jour, elle lui écrivit une

lettre qui aurait été un petit chef-d'œuvre d'astuce, si son honnête et bonne nature lui eût permis ce calcul ironique.

« Il y a des choses que l'on sent si vivement,
« qu'on voudrait avoir pour en parler d'autres
« mots que les mots ordinaires. L'objet pour
« lequel je vous écris est de ce genre, il me
« touche si sensiblement que je ne puis m'en
« occuper sans une émotion pénible... Le paquet
« ci-joint contient des cheveux... Envoyez chez
« Mme Weyler, rue Saint-Denis, à l'abbaye de
« Saint-Chaumont, le petit objet ci-joint, elle
« vous fera remettre deux miniatures, l'une est
« de son mari (peinte par son mari, car il s'agit
« du portrait de M. Cottin), l'autre est une copie
« qu'elle en a faite. La première est dans un
« médaillon, voici ce qu'il faut faire : (suivent
« des explications pour que le portrait soit entre
« deux applications de cheveux). Je veux le
« voir souvent, mais moi seule. Nul être sur la
« terre ne regardera cette ressemblance comme
« moi; elle n'est attachée au cœur de personne.
« Cruelle idée!... Souvenir amer!... Je ne puis
« appuyer là-dessus, je me sens déchirée... Mon

« bon ami, occupez-vous de ma commission; je
« ne vous en ai jamais donné d'aussi essentielle.
« Faites-moi faire avec ces cheveux une chaîne
« pour passer autour du cou... Que de larmes j'ai
« versées en écrivant tout ceci, en revoyant tous
« ces objets! Quelles impressions vives, pro-
« fondes Ha! Dieu, quand finirai-je de souf-
« frir! »

Ainsi donc, la jeune veuve demande à ce
pauvre homme, amoureux d'elle, de contribuer à
entretenir ce souvenir qu'il voudrait effacer; elle
lui renouvelle la vivacité de ses regrets, de sa
souffrance qu'elle croit inguérissable. Pauvre
M. Gramagnac, elle lui montre comme elle est
capable d'aimer! C'est le supplice de Tantale.

Un autre jour, tout en lui parlant de livres qui
témoignent de sa sérieuse culture, elle lui laisse
voir qu'elle a pu être froissée, humiliée de ce qu'il
lui a fait connaître ses sentiments.

« Voici les livres, lui écrit-elle, que je vous
« prie de faire relier de la manière la plus com-
« mode; pourvu qu'ils n'aient pas la fragilité
« d'une brochure, c'est tout ce qu'il me faut. Ils
« consistent dans *les Lettres de cachet* de Mira-

« beau, *les Devoirs d'un citoyen* de l'abbé Mably,
« ouvrages politiques que je n'ai point lus, que
« je ne lirai point encore, non plus que *le Con-*
« *trat social.* Ce genre n'est point à ma portée.
« J'attendrai d'être digne de cette lecture pour la
« faire; à présent, elle serait trop prématurée et
« ne germerait point.

« Vous trouverez aussi *les Lettres d'un cultiva-*
« *teur américain.* — Toute Française qui lira cet
« ouvrage, tranquillement assise au coin de son
« feu, devra rougir de l'inutilité de sa vie, en la
« comparant aux travaux actifs, aux devoirs jour-
« naliers d'une Américaine de Pensylvanie. —
« *Les Lettres de Dupaty* sur l'Italie, remplies de
« feu et d'imagination. L'auteur court sans cesse
« après l'esprit, mais au moins il le rencontre tou-
« jours. — *Les Lettres d'Yorick à Élisa,* ouvrage
« inappréciable par le sentiment qui les a dictées,
« par le caractère de Sterne, surtout par celui
« d'Élisa. « Le désir, mais le désir timide la sui-
« vait en silence dit l'abbé Raynal; *le seul homme*
« *honnête eût osé l'aimer, mais n'eût pas osé le*
« *lui dire... Heureuse la femme digne d'un pareil*
« *éloge!* »

Elle voulait le réduire au régime de l'amitié, ce
qui ne faisait pas son affaire, comme à tout véritable amoureux de n'importe quel âge. Il conser-
vait la gêne de cette situation fausse, aussi lui
reprochait-elle de n'avoir pas la simplicité, la confiance, la franchise de ce genre de sentiment, et
lui disait dans une autre lettre :

« Si vous pensiez que j'ai tort, me le diriez-
« vous? J'en doute. Vous vous contentez de me
« donner des conseils pour l'intérêt de ma for-
« tune, mais pour celui de mon caractère, vous
« gardez le silence, et cela me fait beaucoup de
« peine, car j'y attache infiniment plus de prix.
« Observateur comme vous l'êtes, votre amitié
« pourrait m'être très utile si vous aviez de la
« franchise; mais non, vous êtes arrêté par
« mille égards que je ne conçois pas. Tout ce
« que vous dites est vrai, mais vous ne l'expri-
« mez pas tout entière, cette vérité que j'aime et
« que je demande. Quoi, vous direz à mon amie
« ce que vous pensez de Félicité, de la manière
« dont elle est chez moi, vos observations à cet
« égard, et vous croirez devoir vous taire devant
« *votre amie, votre seule amie!* Combien cette

« discrète circonspection me paraît loin du carac-
« tère communicatif et confiant que l'amitié doit
« toujours inspirer! Encore si vos remarques ne
« s'adressaient qu'à mon amie...

« Je ne puis résister à vous dire ce que j'ai sur
« le cœur. On vous a parlé de Félicité, des vues
« qu'on lui croyait sur moi, on est entré là-dessus
« dans des détails que vous ne croyez pas, je vous
« estime trop pour le penser, mais vous avez
« répondu que vous vous étiez aperçu que je m'in-
« téressais beaucoup à elle, à son fils en un mot.
« J'ai su tout ce qui s'était dit dans cette conver-
« sation. Je ne justifie pas la manière dont cela est
« venu jusqu'à moi. M. Verdier est le moins cou-
« pable, il n'a parlé qu'à sa femme, cela est tout
« simple, vous deviez vous y attendre et encore
« lui a-t-il parlé sous le secret, mais il n'en existera
« jamais entre mon amie et moi. Ce qu'on dit à
« l'une, on le dit à l'autre, souvenez-vous bien
« que mon amie lit dans mon cœur comme moi-
« même...

« Je reviens donc à dire que j'aurais désiré
« être la première et même la seule à qui vous
« eussiez communiqué vos remarques sur ma

« manière d'être. Vous l'auriez dû ; si vous êtes
« mon ami, aucune considération ne doit arrêter.
« Je ne comprendrai jamais que l'amitié puisse
« craindre de blesser. Je me trompe, elle doit
« blesser, mais c'est lorsqu'elle se retient et jamais
« quand elle s'abandonne. Vous avez dû trouver
« quelques ombres, quelques contradictions dans
« mon caractère, mes lettres portent presque tou-
« jours une teinte sérieuse, grave, peu analogue
« à l'espèce de gaieté dont vous avez été témoin.
« Vous avez dû être frappé de cette différence. »
Différence qui s'explique très humainement.
Lorsqu'on a été atteint par la douleur, au plus
profond de l'être, le courant ordinaire de la vie,
la routine des occupations, le mouvement forcé,
la distraction inévitable, rétablissent une manière
d'être pour ainsi dire superficielle. Mais quand
on est au repos, au calme, dans la solitude, en
face de soi-même et de ses pensées, le chagrin se
fait sentir encore plus lourd, plus amer et tout
naturellement s'épanche dans la correspondance,
ou se manifeste par un ton plus grave, plus triste.
Mme Cottin partageait donc cette sorte de dua-
lité avec tous les êtres qui sentent vivement, qui

éprouvent profondément, et son vieil ami, s'il était l'observateur qu'elle croyait, n'avait pas dû s'en étonner.

Elle poursuit : « Mais si dans l'instant même « vous m'aviez dit avec intérêt, avec liberté : Je « remarque en vous telle ou telle chose, Sophie, « d'où cela vient-il? Expliquez-moi ce qui se « passe en vous, j'ai le droit de vous le deman- « der? Combien ce langage m'aurait convenu, « combien j'y aurais répondu... je ne vous ai « jamais trouvé ce ton de bonhomie, de liberté, « qui est un des plus doux avantages de ce pré- « cieux sentiment. Peut-être est-ce ma faute, peut- « être ai-je dans mon air, dans mon ton, quelque « chose qui inspire la réserve... Je conclus comme « j'ai commencé, à vous demander toujours la « vérité, jamais cela ne me fâchera. Je peux « m'affliger d'avoir des torts, mais il m'est essen- « tiel de les connaître et doux qu'on me les dise. « Ces aveux, quand ils sont dictés par l'attache- « ment, ont quelque chose de plus touchant que « les éloges mêmes. »

Toutefois, Gramagnac ne renonçait pas à amener sa jeune amie à partager son amour. Il

est bien dommage que nous n'ayons pas connaissance de ses propres lettres et que nous en
soyons réduits à les deviner par leurs réponses.
Sans doute il devait l'exhorter à ne pas déses-
pérer de la vie, lui dire qu'une femme de vingt-
trois ans n'a pas dit adieu à l'amour pour l'avoir
ressenti une fois, que des jours meilleurs lui
étaient réservés, que son cœur refleurirait... Il
refleurit en effet, mais ce ne fut pas pour lui.

Il l'engageait à réfléchir, à se demander si elle
ne pourrait pas l'aimer. Il est évident qu'elle ne
veut pas lui dire non, brutalement, mais elle
cherche par des détours à le dissuader de poursuivre cet espoir.

« S'il est vrai, lui écrit-elle, que l'homme qui
« médite est un animal dépravé, je me perfec-
« tionne tous les jours, car je ne réfléchis presque
« plus. J'ai des sensations vives, pénibles ou
« agréables, sans en savoir la cause, ni même la
« chercher. L'analyse que vous me demandez,
« l'examen de moi-même, est plus que difficile,
« il est impossible. Mais je me connais bien mal,
« si l'indifférence la plus complète ne règne pas
« au fond de mon cœur, et je me trompe fort si

« ce cœur éprouve le plus léger désir de sortir
« de son état. La situation où je suis est la seule
« qui me convienne. L'indépendance et la paix,
« voilà le seul bien où j'aspire, j'en jouis et je
« ne veux pas les risquer, quand même je le
« pourrais. Mais je n'ai pas plus le pouvoir que
« le désir de connaître de nouveaux sentiments.
« Mon cœur repousse cette image avec violence,
« la seule idée m'en est désagréable, n'en par-
« lons plus.

« Il n'est aucun état dans la vie, aucune situa-
« tion, qui puisse remplir l'idée du bonheur que
« je me fais. Voilà pourquoi j'aspire à en être
« délivrée. La terre n'est plus rien, je me perds
« dans un avenir céleste, je brûle d'y atteindre,
« je ne sais qu'un chemin pour y arriver et je
« forme des vœux pour qu'il me soit ouvert. *Je
« prie mes amis de ne pas savoir mieux que moi
« ce qui me convient.* Qu'ils me laissent le choix
« du genre de vie qui me plaît et qu'ils ne me
« blâment pas quand bien même j'y serais malheu-
« reuse, ce ne sera ni leur faute, ni la mienne,
« mais celle de la vie qui ne comporte pas un
« état heureux. Je choisirai le meilleur pour moi,

« mais le meilleur est encore mauvais et je me
« plaindrai toujours. »

Une autre fois, elle cherche à le décourager sur
son propre caractère.

« 28 germinal (17 avril 1795).

« Vous ne vous doutez peut-être pas que je
« suis difficile à vivre et qu'au milieu d'un air
« de douceur qui en impose, j'ai une certaine
« âpreté dans ma franchise, qui peut ne pas con-
« venir à tout le monde. Ne commencez pas par
« nier le fait, je vous avertis que vous vous en
« apercevriez à la longue et peut-être même
« avant d'avoir fini ma lettre. Quelque contente
« que je sois du fond d'une chose, si la forme
« n'y répond point, elle n'échappe pas à ma
« critique. Pour être persuadé ainsi que je l'au-
« rais voulu, des vérités que je vous ai dites, il
« fallait les trouver toutes simples. « Vous avez
« raison, Sophie; le torrent du monde avait
« obscurci à mes yeux la vraie et sainte morale
« de l'amitié; un mot me l'a rappelée, je vous
« remercie d'avoir réveillé ce souvenir... » En

« fallait-il davantage pour une action pareille?

« Vous la nommez belle et vertueuse, mais
« comment appréciez-vous ce nom de vertu?
« Est-ce qu'une action aussi douce que facile à
« faire est digne de ce nom? Est-ce quand on
« suit le mouvement de son cœur, sans gêne et
« sans contrainte, qu'on est vertueux? Mais non,
« ce titre comprend toujours l'image d'un sacri-
« fice : pour le mériter il ne suffit pas de bien
« faire, mais de faire le bien au dépens de ses
« penchants et de son plaisir. Jugez à présent, si
« vous n'avez pas prodigué cette épithète aussi
« sacrée que sublime à la simple bienveillance
« d'un bon cœur. »

Et ainsi de suite sur le même ton et le même
sujet pendant tout le paragraphe suivant. La facilité de plume de Mme Cottin l'entraîne à disserter
longuement, ainsi qu'il était d'usage alors, sur des
pointes d'aiguilles si l'on ose dire, et ses subtilités
font un peu perdre de vue leur objet.

Puis elle se reprend à se dénigrer :

« Je suis loin d'avoir une âme brûlante, je
« doute qu'elle le fut alors qu'elle était animée
« par le plus doux, le plus tendre des sentiments,

« mais cette perte violente l'a tellement abattue,
« qu'elle n'a plus ni énergie, ni ressort, ni sensa-
« tion, et dans l'engourdissement où elle est
« plongée, la faculté de souffrir lui est quelquefois
« refusée. L'absence de mon amie m'oppresse et
« je me vois réduite à désirer que les inquiétudes
« présentes me fassent assez d'impression pour
« écarter la funèbre image du passé. Mais non;
« le présent et l'avenir ont beau me présenter des
« sujets de tourments et de peine, j'y suis insen-
« sible, un triste souvenir me tient absolument
« subjuguée, il me semble que j'ai épuisé tous
« les malheurs et qu'après celui-là je n'ai plus
« rien à craindre... Si dans cette situation je
« ranime et j'encourage des esprits abattus, assu-
« rément je donne ce que je n'ai pas, ce que je
« ne puis plus recevoir...

« Oui certainement, le ciel est aussi beau que
« la nature est touchante, mais il n'appartient pas
« à l'amitié d'imaginer qu'ils puissent recevoir
« quelque éclat d'un objet étranger. Son style
« est simple et naturel, l'emphase la défigure.

« A présent que j'ai rempli ma tâche de sin-
« cérité, je vais me dédommager de ce qu'il a pu

« m'en coûter, en vous disant combien mon
« cœur est pénétré de la bonté avec laquelle
« vous m'acceptez. Je vous remercie de tous les
« soins que vous prenez pour moi, il m'est doux
« de vous en savoir quelquefois occupé. J'aime à
« vous les donner, autant que vous pouvez aimer
« à les remplir.

« La première fois qu'on ira chez vous, je vous
« enverrai encore d'autres livres. Joignez aux
« œuvres de Bernardin de Saint-Pierre *le Dis-*
« *cours de Platon*, Julie m'apportera tout cela. »

Mais cette amitié qu'elle ressentait pour son
conseiller d'affaires et sur laquelle elle s'étendait
si subtilement, dans l'intention de la lui faire partager, ne calmait pas les soucis de tout ordre dont
elle était envahie. Aussi, lui écrivait-elle un jour,
dans l'abandon d'une heure de découragement :

« La sérénité du bonheur m'avait donné une
« égalité charmante dans le caractère, mon cœur
« débordait de plaisir et répandait autour de moi
« les doux sentiments dont il était agité. L'ordre
« était partout alors et la paix me semblait régner
« dans l'univers, ainsi que dans mon âme. A
« présent tout est changé, j'ai des accès de tris-

« tesse noire, je suis naturellement inquiète,
« mes regards ont beau se fixer autour de moi,
« ils ne trouvent rien digne de les fixer. Le
« monde dans sa vaste étendue ne me paraît
« qu'une solitude stérile, les plus vifs plaisirs ne
« me paraissent que des jouets d'enfants; il
« me semble que je suis sur une terre étran-
« gère où rien ne me convient... Je ne puis expri-
« mer l'espèce de malaise qui me poursuit, mon
« bon ami, je voudrais bien finir d'exister; non,
« il n'est point d'instant dans la journée où je ne
« reçusse la mort avec volupté... Ne cherchez pas
« à changer mes idées, l'amitié même est insuffi-
« sante sur ce point; elle peut partager mes peines,
« mais non m'en consoler. Laissons cela. »

La peine la plus vive de Mme Cottin à ce moment
était la nécessité de vendre Champlan, imposée par
la liquidation de sa fortune, bien qu'elle eût un peu
l'espoir de racheter la maison si l'on morcelait la
propriété. Il lui fallait donc chercher un autre
abri pour l'hiver suivant. Elle pensait retourner
à Paris où la maison de la rue Saint-Georges était
également à vendre. D'ailleurs, le gouvernement
en avait disposé et on sait qu'en ce cas les hommes

d'affaires ne sont jamais pressés d'abandonner leurs lucratives fonctions de séquestre.

La difficulté était donc de trouver un appartement dans le quartier qu'elle désignait et qu'elle voulait bon marché ainsi que l'appartement où ils devaient habiter tous. « Un étage de sept à huit pièces nous suffirait et une petite chambre pour Lafargue », écrivait-elle au fidèle Gramagnac, chargé naturellement de le trouver.

« Je peux, dites-vous, passer encore l'hiver à
« Champlan, mais j'aime mieux le quitter tout
« de suite, qu'y rester avec la perspective de le
« quitter le lendemain. J'aime à me décider tout
« de suite pour oui ou pour non, et l'état d'irré-
« solution est celui qui me convient le moins. »

Le seul adoucissement à ce départ de Champlan était la pensée que, si elle ne pouvait le racheter, elle chercherait une autre propriété moins considérable où elle pourrait s'installer définitivement. Mais elle ne voulait pas de ce que l'on appelait le Petit-Champlan (1), qui lui aurait

(1) Il fut acheté dans la suite par Mme Verdier. Mme Amédée Jauge (voir app. V) en a hérité de sa mère et y a vécu avec son mari et ses enfants.

été trop pénible à habiter près de celui qu'elle regrettait tant.

Elle pensait à la vallée de Montmorency. Être propriétaire en toute tranquillité, avoir sa terre bien à elle, ses arbres à elle, sans l'inquiétude de devoir un jour s'en séparer, séduisait son imagination toujours active. Et pourtant, qui peut se flatter que les choses resteront sans changement!

Il est vrai qu'elle mettait dans cette possession une note d'attachement très personnel. « La terre « que j'habite, disait-elle, l'arbre qui me couvre, « ne sont pour moi ni une terre ni un arbre « ordinaires; ce sont des êtres qui me sont chers « et dont l'ensemble m'est extrêmement pré- « cieux. »

Cette question d'appartement « qu'elle ne tenait pas à avoir dans une belle rue » l'agitait. Avant même qu'il fût trouvé, elle se préoccupait des détails de son déménagement et se proposait de tirer parti d'objets de valeur qui lui restaient encore et de diamants lui venant de sa mère. Elle demandait à Gramagnac de l'aider à s'en défaire. Puis, ainsi qu'il arrive souvent, tout cela resta à l'état de projet, car elle put demeurer à Champlan et ne prit un appartement à Paris que quelques années plus tard.

Pendant ce temps, l'amoureux sexagénaire ne renonçait pas à ses travaux d'approche et, malgré les sous-entendus qu'on lui adressait, n'en continuait pas moins son siège, avec une ténacité digne d'un meilleur succès.

Il s'était sans doute encore un peu trop avancé, car, le 21 messidor 1795 (10 juillet), on recommence à vouloir l'entraîner vers la paisible amitié qu'il trouve terne et grise, lui qui est en possession de l'éblouissante lumière de l'amour. En plus, on veut lui persuader que l'amitié entre homme et femme ne peut exister que lorsque chacun sait l'autre sous l'empire d'une affection ou d'un souvenir qui l'absorbe, et que c'est précisément leur cas à tous les deux.

« J'ai beaucoup de choses à vous dire : j'ai
« besoin de vous ouvrir mon cœur. L'attache-
« ment que vous avez pour moi, cet attachement
« précieux qui peut encore jeter quelques fleurs
« sur ma vie, vous donne le droit de lire au fond
« de l'âme de celle qui est, qui veut être toujours
« votre plus sincère amie...

7

« Vous avez pu vous apercevoir que j'avais
« l'air mal à mon aise quand je vous ai vu der-
« nièrement; c'est la cause de cette gêne jointe à
« quelques phrases qui vous sont échappées, qui
« m'ont fourni les réflexions sérieuses que je
« viens vous communiquer.

« L'amitié, avez-vous dit, doit être plus tendre
« entre un homme et une femme; plus tendre, je
« ne le crois pas; plus réservée, il n'y a pas de
« doute, et cette réserve qui tient à la différence
« des sexes, non à la méfiance, peut, je le con-
« çois, y ajouter un intérêt plus piquant. Mais
« cette réserve peut-elle s'accorder avec l'aban-
« don absolu, la confiance illimitée, la liberté de
« penser tout haut, qui font la base de l'amitié?
« Non, pas entièrement; alors ce partage doit la
« détruire, car l'amitié est exclusive et croit
« n'avoir rien quand elle n'a pas tout. C'est donc
« une chimère de penser qu'elle peut exister. En
« vérité, je le croirais si je ne la sentais pas dans
« mon cœur et si je n'en avais pas eu le plus
« touchant modèle dans ma Julie et celui qui fit
« le court bonheur de ma vie. Mais ce qu'il y a
« de certain, c'est que c'est peut-être le plus rare

« de tous les sentiments, en ce qu'il exige qu'une
« situation particulière se joigne à une pureté à
« laquelle peu d'êtres peuvent s'élever.

« Voici ce que j'entends par cette situation par-
« ticulière. Notre âme, pouvant aimer de plu-
« sieurs manières, doit avoir, pour ne pas les
« confondre, autant d'objets d'attachement que
« de facultés de s'attacher. Ce n'est qu'en sentant
« d'une manière distincte ce que l'amour a de
« plus vif, ce que l'amitié a de plus tendre, qu'on
« peut bien connaître toutes les nuances qui rap-
« prochent et éloignent ces deux sentiments.

« Celui qui posséda, qui possède encore toute
« ma tendresse, n'inspira à ma Julie une amitié
« libre que parce qu'elle lui savait le cœur rempli
« d'amour pour une autre; s'il avait voulu être
« pour elle plus qu'un ami, il ne lui aurait plus
« été rien du tout. Quant à moi, je sais bien que
« tout homme qui oserait profaner la douleur qui
« m'accable, en me parlant un langage qui m'est
« devenu insupportable depuis que je ne l'entends
« plus de la bouche de celui que j'aime, ne m'en
« reparlerait de ma vie.

« Il faut donc, pour se livrer sans gêne à

« l'amitié, se connaître mutuellement d'autres
« liens, ou s'ils sont rompus, quand le souvenir
« le plus douloureux est tout ce qu'il en reste, il
« faut être mutuellement sûrs que non seulement
« l'image absente ne sera pas effacée par l'objet
« présent, mais ne sera pas seulement confondue
« avec lui.

« Vous devinez peut-être à présent où j'en vais
« venir. Oui, vous m'avez affligée, quelques-unes
« des expressions de vos lettres m'avaient déplu,
« mais lorsqu'ici vous me peignîtes ce mélange
« que vous vous plaisiez à faire de celle que vous
« aimâtes, avec moi, de la douceur que vous trou-
« viez à les confondre, lorsque vous me parlâtes
« de ma situation avec un accent plus vif qu'af-
« fectueux, alors je ne reconnus plus le caractère
« de l'amitié tel qu'il était dans mon cœur, je me
« tus et je me sentis éloignée de vous.

« La première fois que vous nous confiâtes
« vos peines, je fus entraînée vers vous. Vos
« regrets sympathisaient avec ma douleur et reten-
« tissaient dans mon cœur. J'estimais l'homme
« sensible qui savait si bien aimer, j'appréciais
« l'homme délicat auquel un seul objet avait su

« plaire. Ce même soir, quand vous nous eûtes
« quittées, je m'occupai de vous avec mon amie,
« et ce fut alors que se forma cette excellente opi-
« nion que nous prîmes de vous; l'attachement
« le plus vrai la suivit.

« Tous deux se sont augmentés depuis par la
« liaison que j'ai entretenue avec vous; j'en suis
« revenue à vous regarder, après ma Julie, comme
« le meilleur ami qui me reste. Dites, ai-je tort de
« croire que vous n'altérerez jamais le plaisir que
« je sens à vous nommer ainsi? Ai-je tort d'ima-
« giner que votre cœur, toujours plein d'amour
« pour celle que vous avez perdue, n'éprouvera
« jamais pour votre amie qu'un sentiment aussi
« pur que ce ciel auquel elle aspire. Assurez-moi
« que je peux me livrer avec sécurité à tout de ce
« que vous m'inspirez d'intérêt; dites un mot, et
« je vous croirai.

« Ce n'est pas de votre sincérité que je doute,
« comment en douterais-je? Je n'estimerais pas
« celui qui pourrait me tromper ou qui voudrait
« seulement pallier la vérité, et alors, soit tête-à-
« tête avec moi, soit en tiers avec mon amie,
« livrez-vous à la confiance, exprimez sans réserve

« vos pensées, j'y répondrai avec le même aban-
« don. Ne craignez ni d'en trop dire, ni d'en trop
« demander, l'amitié n'est jamais indiscrète; c'est
« à l'absence de la gêne que je connaîtrai que
« nous sommes ensemble comme il faut être.

« Je serai la première à vous parler du sujet de
« ma lettre, Julie qui la connaît ne doit pas vous
« gêner. Ha ! si vous étiez moins à votre aise quand
« mon amie est avec moi... Tenez, je vous avoue
« que j'en ai eu l'idée, votre air me l'a fait croire
« et elle l'a pensé aussi. Combien vous auriez de
« tort envers moi si cela était vrai; ma Julie est la
« meilleure partie de moi-même, elle est plus
« que mon amie, elle était celle de celui que
« j'ai aimé. Ce souvenir ajoute chaque jour à
« ma tendresse pour elle; comme j'aime à me
« confondre avec elle, il me serait doux que mes
« amis ne nous distinguassent pas l'une de l'autre.

« J'ai attendu cette explication et j'attendrai
« même votre réponse pour vous parler de choses
« étrangères à celles-ci, mais qui sont relatives
« à vous et qui sont par conséquent intéressantes
« pour moi. »

Il est évident que M. Gramagnac n'avait pas

fait l'aveu formel de son amour, mais que ses empressements, son attitude, ses paroles, ce jour-là en particulier, montraient encore plus qu'il n'attendait qu'un encouragement. Mme Cottin était bien décidée à ne pas le lui donner. Son cœur, toujours douloureusement rempli de son mari, s'y refusait. Elle avait la terreur d'une véritable déclaration, en pensant que, si elle était obligée de blesser cet ami si dévoué, elle bouleverserait leurs rapports présents, dans lesquels elle trouvait de la douceur. Elle avait eu peur de lui entendre prononcer des mots décisifs, aussi lui disait-elle que, *si un homme lui tenait un langage devenu insupportable, il ne lui en reparlerait de sa vie.*

Peut-être aussi était-ce la réserve de son éducation protestante qui lui interdisait de parler ouvertement de ce genre de choses, mais lui permettait de se répandre abondamment en considérations environnantes. Elle ne pouvait être sérieusement offensée qu'un homme ressentît pour elle un sentiment vif, dû à ses qualités d'intelligence, de bonté et de charme personnel, elle était trop femme pour cela; mais honnête et sincère, elle ne voulait pas de situation ambiguë entre eux. On aime mieux le penser, que de croire à une sorte d'hypocrisie mêlée d'un peu d'enfantillage, quand elle veut lui persuader qu'elle s'est intéressée à lui à cause de ses regrets pour sa femme, ce qui établissait une sorte de parité avec les siens.

On comprend moins la phrase où elle l'engage à *exprimer ses pensées sans réserve et ne pas craindre d'en trop dire ni d'en trop demander.* Les femmes se contredisent parfois.

Le pauvre amoureux ne prit pas le change. Sa tendre épouse était probablement assez loin de ses regrets, quand il s'en servait pour apitoyer l'objet actuel de ses désirs. Peut-être aussi « ma Julie », qu'on lui présentait à tout instant sur la même ligne que la bien-aimée, l'agaçait-elle quelque peu; bref, comme une femme arrive toujours à ce qu'elle veut, il abandonna la partie. Le ton de sa lettre suivante satisfit à un tel point la châtelaine de Champlan, que, dans son allégresse à voir disparaître le sujet de crainte qui l'étreignait, elle retombe dans la petite faute d'en attribuer la raison au souvenir de Mme Gramagnac et le comble d'éloges pour le consoler.

« Votre dernière lettre m'a fait bien plaisir, j'ai
« besoin de vous le dire, mon bon ami, j'y ai
« trouvé l'expression simple et touchante de votre
« amitié, j'en ai été attendrie, ma Julie l'a été
« aussi ; ah! ne quittez jamais un ton qui nous
« convient autant et que vous savez si bien
« sentir.

« Nous avons parlé de vous longtemps, de ce
« caractère bon et honnête qui nous a attachées
« toutes deux à vous, de cette constance tendre
« et rare que le temps ne peut altérer. Je me plais
« à vous entretenir de cette femme charmante que
« j'aurais aimé à connaître. Quelle noble satis-
« faction j'éprouve, en contemplant la dignité de
« l'homme et sa supériorité sur tout ce qui l'en-
« toure. Tandis que toutes les espèces vivantes
« n'ont que des plaisirs et qui s'éteignent dans les
« glaces de l'hiver, l'homme seul aime toujours,
« les saisons n'influencent point son âme, l'ab-
« sence ni la mort ne la peuvent changer ; enfin,
« il n'appartient qu'à lui de sentir qu'une seule
« vie ne peut suffire à deux attachements.

« Je sais qu'il est parmi nous des êtres dégra-
« dés qui croient faire un meilleur choix en par-

« tageant les sensations des animaux, et leur
« image me fait penser que notre espèce se dis-
« tingue des autres en ce qu'elle a reçu le privi-
« lège de pouvoir se dénaturer; mais, s'il lui est
« permis de s'abaisser jusqu'à la brute, il lui est
« donné de s'élever jusqu'aux anges, et je réserve
« ma plus tendre estime aux âmes en qui j'aper-
« çois quelque trace de cette grandeur.

« Je reviens à ma conversation avec Julie.
« Tandis que j'appréciais en vous cette cons-
« tance, qui fait qu'ôté un seul objet, il n'y a plus
« rien sur la terre qu'on puisse aimer de la même
« manière, mon amie me parlait de votre con-
« duite estimable et difficile dans votre intérieur,
« de votre zèle à remplir vos devoirs quelque
« pénibles qu'ils puissent être, de votre tendresse
« pour vos enfants et de l'inquiète sollicitude
« que vous cause leur future destinée. Toutes
« deux, nous nous réunissions pour voir en vous
« une honnête et excellente créature, malheu-
« reuse sans doute, mais nous nous obstinions à
« croire malgré vous que le dédommagement
« arriverait enfin dans bien longtemps, mais nous
« voyons plus loin que vous.

« Soutenue par la plus douce des espérances,
« je suis bien plus portée que vous à la mélan-
« colie. S'il est des instants où le vide de mon
« cœur égare ma raison et me ramène au déses-
« poir, l'ange qui veille sur moi me rend la paix
« par l'image du bonheur qui m'attend. Soit que
« je rêve sous les feuillages épais, que je foule
« aux pieds les gazons fleuris, ou que je médite
« dans l'obscurité silencieuse de la nuit, partout
« je le vois et partout je l'entends; il est absent,
« mais non détruit; je suis exilée et non désu-
« nie; mes liens subsistent toujours, c'est mon
« âme qui les a formés et mon âme est im-
« mortelle. »

Ainsi se passa la première rencontre de cette
femme avec l'amour qui, peu après, devait tenir
une si grande place dans ses livres et dans sa vie.
Il s'était présenté trop tôt, à un moment où son
cœur ne se croyait pas libre, accablé qu'il était
par la douleur d'une séparation récente, et cette
grande disproportion d'âge lui en avait donné la
répulsion. Elle s'était acharnée à le convertir en
amitié et put croire y être arrivée; elle se trom-
pait; ces deux sentiments ne se greffent pas l'un

sur l'autre. Il est peu d'exemples où l'amitié devienne de l'amour et pas beaucoup plus où l'amour se change en amitié. La femme plus éprise d'idéal le croit possible, tout en appréciant le charme particulier de ce lien entre sexes différents, toujours plus imprégné de galanterie de la part de l'homme et de tendresse de la part de l'amie. Mais ce n'est guère pour ceux qui se croient occupés d'amour ailleurs, comme le dit Mme Cottin, car ce serait justement une raison pour qu'on voulût avoir ce qu'on sait pouvoir être donné.

En réalité, ce privilège est réservé aux âmes d'élite élevées au-dessus de toute bassesse, et combien d'êtres humains en sont assez dépouillés pour se soutenir dans un commerce exclusivement intellectuel et purement affectueux... Mme Cottin en eût été capable vis-à-vis de Gramagnac, mais il n'était pas à sa hauteur. Il l'aima tout bêtement d'amour jusqu'à sa mort, en ayant le courage de ne pas le lui dire.

C'est donc pourquoi ce sentiment est si rare. Pascal eut un amour platonique pour une femme dont l'histoire n'a pas découvert le nom, et, pour nous en tenir au dix-neuvième siècle, ces exemples sont bien clairsemés. L'amitié de Chateaubriand et de Mme Récamier fut plutôt un piédestal pour l'orgueil de l'un et la vanité de l'autre; Mérimée l'éprouva pour « l'inconnue » qui l'est restée, et plus près de nous, Barbey d'Aurevilly termina une vie du cœur assez mouvementée dans l'amitié dévouée et pure de Mlle Louise Read. Espérons, pour l'honneur de l'humanité, qu'on pourrait citer d'autres traits semblables dans des vies moins célèbres.

Mme Cottin s'installa donc à Champlan d'une manière plus définitive, tout en se rendant à Paris quelquefois. Elle y menait une vie paisible et retirée, s'occupant de peinture, de musique, composant même, dit-on. Des amis prirent peu à peu l'habitude de venir l'y retrouver. Elle recevait Félix Faulcon, son voisin, homme de lettres et homme politique; Michaud l'académicien, qui fut plus tard son éditeur (voir appendice VI); Mestrezat, ministre de son culte; Jean de Vaisne (1),

(1) Nommé académicien à la reconstitution de l'Académie, grand ami de lettres de Mme Cottin, mourut

qui partagea les illusions de Gramagnac au sujet
de leur aimable hôtesse, mais dont l'amour se termina plus tragiquement, a-t-on prétendu. Gramagnac lui-même était un des habitués.

Toujours un peu sérieuse, absorbée dans ses
pensées au point d'en paraître distraite, Mme Cottin prenait rarement la parole dans un cercle
nombreux. Un homme d'esprit qui s'était fait
inviter pour la rencontrer, écrivait à un ami :
« Rien à vous apprendre sur Mme Cottin. Je l'ai
vue, elle ne parle pas. » Elle se taisait donc, à
moins qu'elle ne fût frappée par une idée qu'on
émettait devant elle; alors elle traitait les sujets
les plus élevés, les questions les plus délicates
avec une sûreté de jugement, une abondance de
vues, que servait admirablement sa facilité à s'exprimer. Si elle n'aimait pas le monde et le redoutait même, dans le tête-à-tête sa conversation était
pleine de charme.

Elle occupait sa solitude par des lectures, au
premier rang desquelles elle mettait les œuvres

conseiller d'État en 1803. Son prétendu suicide pour la
châtelaine de Champlan, redit par tous ses biographes,
est probablement une inexactitude de plus.

de Jean-Jacques Rousseau et de Bernardin de
Saint-Pierre, à qui elle écrivit un jour, ne pouvant résister au désir de lui exprimer son enthousiasme pour le philosophe de Genève :

« Combien de fois, en lisant les ouvrages de
« Jean-Jacques, j'ai regretté de ne pouvoir plus
« lui communiquer l'impression que j'en rece
« vais. J'osais croire qu'il en eût été content,
« qu'il eût joui de se voir plus aimé qu'admiré;
« il n'aurait pas méconnu l'accent de la sincérité,
« lui qui l'avait toujours pratiquée et chérie, et
« peut-être lui aurais-je offert non un esprit à sa
« portée, mais un cœur fait pour l'aimer. Long
« temps Jean-Jacques a été le seul auteur dont
« j'aie fait mon ami, la lecture des *Études de la*
« *Nature* m'en fit trouver un autre.

« Ce n'est point que je compare le génie de
« Bernardin à celui de Jean-Jacques; non, je crois
« qu'en ce genre Jean-Jacques n'a point et n'aura
« jamais d'égal. Mais comme je vois en eux moins
« le grand homme que l'homme vertueux, je les
« unis par le sentiment qu'ils m'inspirent, et ils
« me sont bien plus chers par l'excellence de leur
« cœur que par leur talent. Ce ne fut ni l'ambi-

« tion, ni une vaine philosophie, ni même
« l'amour de la gloire qui dictèrent leurs ou-
« vrages, mais une vertu plus rare peut-être
« qu'on ne le pense et point assez appréciée : la
« bonté dans l'énergie.

« Bernardin, homme vraiment bon, puisque
« vous existez, puisque vous respirez le même
« air que moi, pourquoi ne vous dirais-je pas ce
« que je regrette de ne pouvoir plus dire à Jean-
« Jacques? Pourquoi ne sauriez-vous pas que,
« dans une campagne solitaire, il est une femme
« qui vous aime, qui vous révère, qui vous
« porte dans son cœur, que vous embellissez sa
« retraite en la guidant dans ces routes nouvelles
« que la nature semble n'avoir ouvertes qu'à
« vous?

« Combien de fois, en lisant vos observations
« si simples, si charmantes, il me semblait qu'un
« voile épais tombait de devant mes yeux et
« que vous me transportiez dans un autre uni-
« vers. Enchantée, je posais mon livre, et surprise
« que, seul entre tous les hommes, vous ayez
« pénétré ce vaste et sublime mystère des har-
« monies, je vois bien, disais-je, que Bernardin

« est l'amant favorisé de la nature, car ce n'est
« qu'à lui qu'elle dit son secret. Oh! vous par qui
« je le sais, vous à qui tous les êtres doivent une
« nouvelle source de jouissances, soyez béni par
« eux comme vous êtes aimé par moi. Une fois
« je vous ai vu, une fois j'ai contemplé cet aspect
« respectable, ce regard modeste, cette physiono-
« mie si bien d'accord avec vos ouvrages, tel
« que je vous avais lu, tel que je vous ai trouvé,
« et en effet où aurais-je espéré trouver quelque
« harmonie si ce n'eût été entre l'âme et l'expres-
« sion de Bernardin.

« Bernardin, homme selon mon cœur, vous
« qui m'appreniez à trouver, dans les plus vrais
« plaisirs de la vie, les preuves d'une autre exis-
« tence, soyez à jamais le consolateur de ma tris-
« tesse, le compagnon de ma solitude et l'ami de
« ma jeunesse.

« Ceci n'est point une lettre, ce que je désire
« n'est point une réponse, mais quelques lignes
« de la main de Bernardin, que je mettrais à côté
« de celles de Jean-Jacques, seraient un plaisir
« que je ne recevrais pas sans attendrissement.
« Tel fut le sentiment lorsque, avec une émotion

« presque religieuse, je pris un bout de votre
« manteau que je mettais sur mon cœur en ver-
« sant des larmes ; la foule nous entourant, vous
« ne me vîtes pas, je ne voulais pas que vous me
« vissiez. »

Mme Cottin avait signé cette lettre uniquement
de son prénom, mais elle indiquait sans doute la
manière de lui répondre, car l'amant des sentiments vrais envoya à cette jeune exaltée la
courte et paternelle exhortation qui suit :

« Je n'ai pas coutume de répondre à une lettre
« anonyme, car comment pourrais-je répondre
« avec confiance à une personne qui n'a pas
« même la confiance de me dire son nom ?

« Vous tâchez d'établir une correspondance
« entre nous, tandis que mes travaux, mes
« affaires et ma santé m'obligent chaque jour de
« circonscrire celles que j'avais avec d'anciens
« amis.

« Cependant, qui que vous soyez, votre lettre
« m'a touché.

« Si vous êtes femme comme vous me l'an-
« noncez, pourquoi offrez-vous avec tant d'affec-
« tion un cœur que vous devez à votre époux, à

« un homme qui doit le sien à une autre
« femme?

« Sophie, ce n'est point à moi à être, comme
« vous le désirez, le *consolateur de vos tristesses*, le
« *compagnon de votre solitude*, l'ami de votre jeu-
« nesse. Une femme aimante n'est jamais sans
« ami. Si vous n'en avez pas, vous devez adresser
« vos peines à Celui à qui je confie les miennes.
« Il enveloppe de sa bienfaisance tout ce qui res-
« pire, tout ce qui sent, tout ce qui souffre.

« C'est là le manteau dont vous devez réchauf-
« fer votre cœur; le mien, qui, comme vous le
« dites, a fait couler vos larmes, ne serait pas
« propre à les essuyer.

« Sensible Sophie, recevez ce conseil que je
« vous donne sans vous connaître, comme un
« père à sa fille bien-aimée.

« DE SAINT-PIERRE.

« Paris, 6 nivôse, quay des Augustins, nº 22. »

Et son admiratrice de lui écrire de nouveau,
dans son besoin d'épanchement :

« *Comme à sa fille bien-aimée...* Charmante

« expression, elle répond parfaitement au senti-
« ment que j'éprouve. Homme bon, soyez con-
« tent, vous avez porté la joie dans mon cœur.

« J'ai reçu hier cette lettre du 6 nivôse. J'y
« réponds pour justifier quelques erreurs que le
« ton de mes lettres a dû vous donner. J'aurais
« pu consentir à n'être point connue de vous,
« mais à l'être mal, jamais.

« Je n'ai plus d'époux, j'étais bien jeune quand
« je le perdis. Je l'aimais, je le pleure encore.
« Depuis, j'ai vécu seule à la campagne, loin du
« monde, entourée d'amis qui me sont chers,
« ayant dans l'âme une piété sincère qui me fait
« aimer la vie comme un moyen d'en mériter une
« plus heureuse.

« Jadis, au milieu des plaisirs de Paris, je
« regrettais la nature. Elle me plaît davantage de-
« puis que je la vois tous les jours; vos ouvrages
« m'apprennent à l'aimer mieux encore. C'est en
« eux seulement que je dois trouver un consola-
« teur et un ami; comment aurais-je pu vous
« nommer ainsi, vous que je ne dois jamais voir
« et à qui je ne voulais plus écrire.

« Je sais que vous faites le bonheur d'une

« femme... digne de vous si ce qu'on dit d'elle
« est vrai; je la bénis comme la cause du vôtre.
« Ce lien, celui qui vous attache à votre famille,
« à vos amis et aux hommes, sont des occupa-
« tions trop importantes pour que j'aie jamais
« songé à vous en détourner par une correspon-
« dance oiseuse; je connais le prix du temps et
« j'ai aussi des devoirs à remplir. Mais je voulais
« vous exprimer une tendre reconnaissance, avoir
« une ligne de votre main et me taire toujours;
« si j'ai été entraînée plus loin que je ne le vou-
« lais, excusez la faiblesse d'une femme.

« Sachez du moins que votre temps n'a pas été
« perdu en m'écrivant, vous m'avez éclairée et
« j'aime bien à vous devoir un avis utile. En
« voyant que vous avez cru démêler dans ma
« lettre l'expression d'un sentiment qui depuis
« longtemps n'est plus dans mon cœur, vous
« m'avez appris que je pouvais avoir ce même
« ton en causant avec mes amis. Quelques-uns
« pourraient s'y méprendre, ce serait les tromper,
« je m'observerai davantage... Ne pensez-vous
« pas que, quand on vit dans l'extrême solitude,
« on y désapprend tellement la langue du monde

« qu'on n'est plus entendu des hommes quand on
« y revient?

« Lorsque, dans un transport d'admiration et de
« reconnaissance, j'adresse mes vœux à la Divi-
« nité, mon hommage est pur... Celui que je vous
« offre, quelque différent qu'il soit, porte le même
« caractère; je ne vous connais comme Elle que
« par vos bienfaits... Mais vous voir, vous parler,
« je ne le désire même pas, du moins je le crois.

« Je me nomme ainsi que le lieu que j'habite,
« pour que vous soyez certain que je vous ai dit
« la vérité; mais, je vous en conjure, taisez à tout
« le monde et mon nom et mes lettres. »

Mme Cottin se contentait donc d'être, sans s'en
douter, une épistolière remarquable, et sa cousine
Julie, qui l'avait jugée ainsi dans les nombreuses
lettres qu'elle lui écrivait, fit la lecture de l'une
d'elles au petit cénacle assemblé. On en fut vivement frappé et on la pressa de donner plus d'essor à
sa vive imagination et à sa merveilleuse facilité pour
exprimer ses idées. Elle écrivit quelques morceaux
détachés qu'elle lut à son tour, et ses amis l'encou-
ragèrent fortement à traiter un sujet qui eût plus
de suite.

Sur ces entrefaites, l'un deux (1) vint la trouver en grand émoi, lui confia qu'il allait être arrêté et qu'il avait besoin de cinquante louis pour gagner la frontière. L'état de sa fortune ne lui permettant plus les libéralités de jadis, elle s'avisa d'autre chose Lors d'un séjour chez des amis, dans une superbe propriété aux environs de Rouen, la beauté du lieu, ses eaux vives, ses étangs, ses ombrages, avaient surexcité l'imagination de la jeune femme, et le besoin de l'épancher l'étouffait. Une histoire touchante racontée devant elle, ainsi qu'elle le dit dans la préface, lui en fournit l'occasion. Elle s'était mise à l'œuvre; quinze jours après, *Claire d'Albe* était terminée. La démarche de cet ami l'y fit songer, elle apporta son manuscrit chez un libraire qui le prit. La somme était trouvée et au delà.

Ce roman eut de suite un très grand succès. Il répondait tout à fait à l'état d'esprit de cette époque.

(1) On a beaucoup dit qu'il s'agissait de Michaud, mais certains biographes font la réflexion que les désagréments politiques qu'éprouva Michaud se passaient en 1795 et que le premier roman de Mme Cottin parut en 1798. Il est possible qu'il se soit agi de M. de Vauxblanc.

La Révolution, les guerres de la République et de l'Empire, l'élan au sacrifice, l'enthousiasme pour des horizons nouveaux avaient bouleversé l'âme française qui ne demandait qu'à sortir d'elle-même en des émotions violentes ou des délices excessives. En réalité ou en imagination, elle se nourrissait d'actions sublimes, pareilles à celles dont elle venait d'être témoin, et cette effervescence de cœur et d'esprit allait devenir le romantisme, exaltation de tous les instincts généreux. Les amours passionnées, même invraisemblables, trouvaient donc de l'écho dans toutes ces natures bouillantes, la noblesse se répandait sur le style élevé du langage, le devoir reprenait son prestige, le mot vertu était sur toutes les lèvres sinon dans toutes les vies. Cette époque allait produire des chefs-d'œuvre doués d'un sentiment autrement plus intense et plus chaud que ceux des siècles précédents, c'était l'heure de Lord Byron, de Gœthe, de Chateaubriand, de Mme de Staël, un peu plus tard de Lamartine, Alfred de Musset, George Sand.

Cependant, la réserve de Mme Cottin, par une contradiction bizarre, lui faisait blâmer les femmes qui sortent de la modestie de leur sexe, pour se livrer au métier de femme auteur. Elle n'y sacrifiait elle-même, semble-t-il, qu'à son corps défendant. Aussi ne voulut-elle point tout d'abord être nommée. Ce ne fut qu'à son second roman, *Malvina*, paru en 1800, que l'incognito fut trahi.

La découverte de son nom la contraria vivement. Elle en écrivit à un ami, homme de sens et de goût, en qui elle avait confiance (1).

« Il m'est pénible, dit-elle, de voir ainsi mon
« nom imprimé, mais vous pensez que je suis
« plus fâchée que coupable. C'était à la seule
« condition que mon nom ne parût pas, que je
« l'avais donné à S... Vous voyez comme j'ai été
« écoutée. Faut-il faire une protestation contre
« sa mauvaise foi ou garder le silence?... etc. »

On lui conseilla le silence, car la réclamation aurait amené le tapage qu'elle redoutait précisément.

Dans ce livre, une des héroïnes, Mrs. Clare, a de telles ressemblances avec Mme Cottin, tout au moins dans son jugement sur les femmes auteurs,

(1) Était-ce Gramagnac, Jean de Vaisne, Félix Faulcon?

qu'on ne peut s'empêcher de croire que cette dernière s'est dépeinte elle-même. Mrs. Clare écrit
pour venir en aide à sa sœur, comme l'auteur
pour secourir un ami, et, comme elle, blâme ce
genre de pédante, bel esprit qui néglige ses
devoirs de femme et de mère pour le plaisir de
publier des romans. Elle avait certainement pris
cette manière de voir dans Jean-Jacques. Elle se
défend d'être de ce nombre et, toujours comme
Mme Cottin, s'excuse sur ce que, dans sa vie solitaire, elle éprouve le besoin de se désennuyer en
donnant carrière à son imagination, sans faire de
tort à personne, lui semble-t-il.

Nous avons déjà dit que l'opinion s'est gran-
dement modifiée à cet égard, et ceux qui ne s'y
sont pas ralliés se désintéressent de plus en plus
de la question, à la condition, cela va sans dire,
que les femmes n'abandonnent pas leurs enfants
pour leur plume. Du reste, parmi celles qui
écrivent aujourd'hui, il y en a peu qui se trouvent
dans ce cas. Les unes ne sont pas mariées, les
autres n'ont pas d'enfants, ou bien l'âge de ces
derniers permet les travaux d'esprit à leur mère,
sans leur nuire. Bref, la pie bas-bleu de Gran-

ville (1) prenant « une note, puis deux, puis trois, puis mille » nous paraît maintenant encore plus ridicule, parce que les femmes qui écrivent aujourd'hui sont des femmes comme toutes les autres.

Dans la seconde édition de *Malvina,* ce passage fut supprimé, les amis de l'auteur lui ayant fait comprendre qu'il était une inconséquence.

Amélie Mansfield parut en 1802.

On ne nous dit pas comment, au cours de ces années, Mme Cottin fut introduite dans un salon lettré et parlementaire très fermé, celui du marquis de Pastoret, ancien député de Paris et membre de l'Institut.

Adélaïde-Marie-Louise Piscatory s'était mariée le 14 juillet 1789, jour de la prise de la Bastille, à M. de Pastoret, alors âgé de quarante-six ans. Il avait été successivement conseiller à la Cour des Aides et maître des requêtes sous Louis XVI, et eut même un instant le portefeuille de la Justice et celui de l'Intérieur.

A cette époque, ils habitèrent avec Mme Pisca-

(1) *Les Animaux peints par eux-mêmes.*

tory, chez le frère de celle-ci, M. Rouillé de
l'Estang, dans son hôtel place Louis XV (1).
Sa nièce fit les honneurs de son salon à un
grand nombre de célébrités du moment qu'elle
attirait par son intelligente personnalité. Elle
avait tout d'abord été séduite par les idées
libérales que les philosophes avaient répandues
dans le milieu cultivé de la société. Elle s'était
engouée des idées de Jean-Jacques sur l'éducation
et partageait celles qu'il préconise dans *Émile*. Il
est certain pourtant qu'elle ne les appliqua pas à
ses propres enfants. Elle s'imprégna plus justement de son instinct compréhensif de la nature,
apprenant par lui à la regarder avec les yeux de
l'âme et du sentiment. C'est tout ce qu'elle en
conserva dans la suite ainsi qu'un esprit plus ouvert aux maux de l'humanité.

Celui de M. de Pastoret avait fait à peu près le
même chemin, guidé par la raison avec la sûreté
qui manque à l'imagination féminine. Aussi, envoyé à l'Assemblée législative, il y défendit le roi,
mais la Constitution en même temps.

(1) Actuellement celui de l'Automobile-Club, place
de la Concorde.

Ils recevaient donc des gens acquis au nouvel état social, comme le marquis de Condorcet, le célèbre géomètre ami de d'Alembert, de Voltaire, de Turgot. Son vote avec les Girondins l'obligea à se cacher et son arrestation fut suivie du suicide par le poison, ainsi qu'on sait. Mais à ce moment, bien que déjà d'un certain âge, il menait glorieusement à son bras, sa femme Sophie de Grouchy plus jeune que lui de bien des années, sœur du maréchal et dont la beauté attirait tous les regards.

On y voyait aussi l'abbé Sieyès, grand politique, incarnation du Tiers État dont il avait été le zélé instigateur. On se rappelle sa phrase célèbre : « Qu'est-ce que le Tiers État? — Tout. — Qu'a-t-il été jusqu'ici? — Rien. — Que demande-t-il? — Devenir quelque chose. »

On y trouvait d'autres républicains, modérés il est vrai, ce que n'était pas le peintre David. Son pinceau secondait par le choix de ses sujets empruntés à Rome et à la Grèces antique, *le Serment des Horaces, Brutus, l'Enlèvement des Sabines,* le rêve poursuivi par lui de ressusciter leurs lois pour les appliquer à la France républicaine. C'est à lui certainement qu'on doit le retour de l'ameublement au style grec et romain, dont les lignes un peu lourdes caractérisent le style du Premier Empire. Ardent montagnard, il représentait les événements tragiques de la Révolution. Sa *Mort de Marat* a été reproduite par lui-même ou son école. Une de ces toiles est restée .dans la famille et appartient actuellement à son petit-fils le baron Jeannin.

Il était attiré dans le salon Pastoret par la bonne grâce de la maîtresse de maison et sa simplicité, si bien rendue dans le portrait inachevé qu'il a fait d'elle. Simplement coiffée, simplement vêtue selon la mode du jour, elle travaille auprès d'un berceau de bois sans élégance, dont la paillasse grise n'est nullement dissimulée et qui contient Amédée, l'aîné de ses fils. Cette image est belle dans son austérité républicaine qui n'exclut pas la grâce de la femme (1).

Du reste, les portraits de David ont autrement plus de chaleur et de vie que ses froides compositions de l'antiquité, malgré leur dessin irrépro-

(1) Ce portrait est la propriété de la comtesse Joachim Murat.

chable. A commencer par le sien, le représentant vers sa vingtième année, avec son regard de fanatique qui touche à la férocité. Celui de la première femme de Danton a un coloris d'une vivacité étonnante; l'ébauche admirable de la tête du général Bonaparte en accuse toute l'énergie. Sieyès est aussi plein de vie et d'expression, tandis que Mme d'Orvillier et la baronne Meunier ont, en des factures différentes, un charme d'une intensité pénétrante (1).

En 1791, M. de Pastoret fut nommé procureur syndic du département de Paris et contribua à transformer l'église Sainte-Geneviève en Panthéon. On lui attribue l'inscription couronnant l'édifice : « Aux grands hommes, la Patrie reconnaissante. » Après le 10 Août, ses opinions royalistes l'obligèrent à partir pour la Provence et la Savoie, d'où il ne revint qu'en 1795.

Pendant son absence, et les jours mauvais s'aggravant, le libéralisme de Mme de Pastoret dut

____

(1) La récente exposition des œuvres de David au Petit Palais, en réunissant toutes ces toiles prêtées par leurs divers possesseurs, a permis au public de les admirer.

se refroidir en voyant la forme qu'il prenait dans l'esprit de la populace. Le couteau de la guillotine fonctionnant en permanence sous leurs fenêtres força la mère et la fille à se réfugier dans une maison de campagne qu'elles possédaient à Passy.

C'était alors vraiment la campagne, comme Chaillot, Monceaux, Neuilly. Au lieu de moellons élevant les six ou sept étages d'une nouvelle ville que Paris s'incorpore, de verts ombrages entouraient quelques maisons clairsemées. Le château de Passy appartenait à la famille de Montmorin, victime aussi de la Révolution; un enclos paisible avait abrité La Fontaine, en attendant que le philosophe Raynal, le savant Franklin, l'illustre chansonnier Bérenger, Balzac l'observateur géant de la Comédie humaine, Jules Janin et tant d'autres hommes de pensée, vinssent, à la faveur de son repos, donner carrière à leur talent, à leur génie.

Le ravisseur du miel de l'Hymette, aux vers harmonieux égarés dans cette époque sanglante, André Chénier, fut arrêté en cet endroit chez des amis. Le doux poète, fort comme un athlète, tout à la fois intrépide, voluptueux et mélancolique, rêvait d'amour et de bonheur sous des formes païennes. Il donnait des noms de l'ancienne Grèce aux jeunes femmes qui l'entouraient: Chloë, Glycère, Lydé, Pannychis. C'étaient Mmes de Sérilly, de Pastoret, de Beaumont; mais ses regards brûlants s'adressaient surtout à la baronne Le Couteulx. Sa muse chanta jusque dans la prison, en l'honneur d'Aimée de Coigny sous le voile de la *Jeune captive*.

Il est probable que Mme Piscatory et sa fille attendirent, pour rentrer à Paris, le retour de M. de Pastoret, qui fit alors partie du Conseil des Cinq-Cents comme député du Var. Mais, bien qu'il y défendît la liberté, la révolution de Fructidor le fit repartir de nouveau pour aller dans un autre pays. Ce fut en Suisse qu'il attendit le 18 Brumaire. A ce moment il abandonna la politique pour devenir professeur de législation au Collège de France et eut son second fils, Maurice.

Leur salon se rouvrit avec une partie des anciens éléments et d'autres qui s'y ajoutèrent, mais d'opinion plus homogène : Mme de Staël, la vieille Mme d'Houdetot, Mmes de Damas, de Fezensac, de Vintimille, de Duras, etc.

Pauline de Montmorin, comtesse de Beaumont (1), était du nombre. Mariée à un jeune homme de seize ans, ils ne purent s'entendre et, au bout de peu de mois, elle était revenue chez ses parents; mais elle ne divorça qu'en 1800, tout en conservant ce nom malgré son divorce. Elle avait d'abord fait brillamment les honneurs de la maison de son père, alors sur un pied considérable; la mort de celui-ci, qui périt sur l'échafaud, avait forcé sa femme, ses filles et son fils à se réfugier dans leur château de Passy. On vint bientôt les y saisir, pour leur faire subir le même sort, ainsi que les deux de Sérilly qui y avaient reçu l'hospitalité. Mme de La Luzerne, la sœur de Pauline, était morte d'un transport au cerveau, le lendemain de son arrivée à Paris. Quant à Mme de Beaumont, elle était dans un tel état de santé, que ceux qui les emmenaient préférèrent la laisser mourir en chemin et l'abandonnèrent. Recueillie par un vigneron, elle ne mourut pas, mais resta très délicate.

C'est chez ce vigneron que Joubert, autre habitué du salon Pastoret, alla la voir, touché de ses malheurs. Il passait l'été dans le voisinage et ne

(1) André Beaunier, *Trois Amies de Chateaubriand*.

tarda pas à s'éprendre de cette femme exquise d'un amour pur et élevé, seul digne d'un philosophe à la recherche de la beauté spirituelle et de la sérénité dans la souffrance physique et morale. Il eut donc l'abnégation de convertir ce sentiment en une amitié uniquement confiante et intellectuelle.

Y était-il parvenu quand il présenta Chateaubriand à Mme de Beaumont? La grande retenue de ses lettres à son amie ne le laisse pas comprendre. C'était pour lui, cependant, le rival qui n'a qu'à se montrer pour être aimé, et il dut se contenter du rôle de confident. A l'époque où elle fréquentait la place Louis XV, Pauline aimait follement ce grand séducteur et ne craignait pas de le montrer. Il l'aima aussi pendant quelque temps, tout en ne se privant pas de lui faire des infidélités. On sait qu'elle le suivit à Rome quand il y fut nommé secrétaire d'ambassade. Mais elle était si malade qu'elle mourut six mois après, à l'entrée de l'hiver.

Joubert faisait partie de l'entourage du ménage de Pastoret. Inspecteur de l'Université, grâce à M. de Fontanes, il habitait la rue Saint-Honoré quand il n'était pas à la campagne, et avait été retenu autant qu'attiré par l'intelligence éclairée, le sens droit de Mme de Pastoret. Il eut avec elle un long commerce d'amitié et lui écrivait souvent avec ce style cérémonieux qui lui est propre, pour exprimer des idées ingénieuses et laisser voir au fond une nature remplie de bonté et de douceur.

On trouvait aussi dans ce salon François de Pange, homme de lettres, cousin et ami de Pauline de Beaumont, que Mme de Pastoret a peut-être aimé et qui, lui, aimait Mme de Sérilly, qu'il a épousée. En 1795, elle le décrivait ainsi à son frère Fortuné Piscatory de Vaufreland : « C'est un homme laid, mais d'une figure assez noble, très spirituel, très animé, dont le caractère réunit de la force, de la bizarrerie, des vertus généreuses, à des mouvements injustes et durs; qui se défend de l'amitié, de l'amour, de la bienfaisance, en possédant des amis, une femme qui l'aime et surtout en remplissant sa vie de bonnes actions... Enfin, c'est un homme qui m'a dit qu'il n'avait pas d'amour pour moi, non plus que pour la vertu, non plus que pour la morale, qui tâche de me le prouver, mais qui ne peut y réussir. »

Chateaubriand, autre habitué qui n'aimait pas

encore Juliette Récamier, si tant est qu'il eut pour elle ce qu'on appelle de l'amour, et lui apporta autre chose qu'une vieillesse illustre comme parure, avait une longue liste de conquêtes féminines à ajouter à celle de ses œuvres immortelles. A peine marié à Mlle Buisson de Lavigne, il avait émigré en Angleterre où il faillit épouser une belle Anglaise. Il se souvint qu'il avait une femme de l'autre côté de la Manche, juste à temps pour ne pas ajouter la renommée de bigame à toutes celles qui l'attendaient. Sa femme admirait ses livres « sans les avoir jamais lus », assurait-il. Mais, s'il l'accusait, non sans raison, de n'être pas d'un commerce agréable, il faut convenir qu'elle n'avait que trop de motifs d'éprouver de l'aigreur contre lui et de la manifester. Elle payait largement la rançon de l'épouse d'un grand homme et ne fut peut-être pas très reconnaissante, à la mourante de Rome, du conseil donné par elle à l'amant, de revenir à la légitime. Douze ans d'abandon, c'était peut-être beaucoup pour sa patience. Elle avait la réputation d'en manquer.

C'est probablement alors que Mme Cottin fit partie de cette réunion d'élite.

Elle devait retrouver à Bagnères-de-Bigorre le
jeune Molé, descendant de Mathieu Molé, déjà si
sérieux que Mme de la Briche, en digne belle-
mère, le trouvait insupportable.

Parmi les nouveaux venus, il y avait aussi le
comte Eugène de Lur Saluces, qui en 1795 avait
été blessé dans un mouvement royaliste à Bordeaux et mis en prison, où on le laissa deux mois.
Son nom était déjà synonyme de fidélité à la
royauté, et ses descendants ne l'ont pas démenti.
Après lui avoir témoigné son dévouement en
1815, il fut nommé député de la Gironde et, de
la situation de secrétaire de la Chambre, faillit
avoir celle de président. Il donna sa démission à
la révolution de Juillet dans une lettre très digne,
où il protestait de son attachement à la légitimité.

Il était accompagné de son gendre, le comte de
Lamyre-Mory (1), garde du roi en 1814, officier
d'ordonnance du duc de Raguse, plus tard commandant en chef de l'expédition d'Afrique. Il donna

(1) Le comte de Lamyre-Mory a laissé huit enfants :
Marie, comtesse de Lur Saluces; Ferdinand, marié à
Mlle de La Borie; Alexandre; Eugénie, comtesse de
Beaurepaire Louvagny; Caroline, baronne de Vassal-
Cadillac; Robert, et deux religieuses carmélites.

sa démission pour refus de serment en 1830.

Mme de Pastoret régnait sur tous avec une autorité indiscutée, due à la sûreté de son jugement et de ses appréciations. « Cette femme, qui avait de l'esprit naturel et disait volontiers tout ce qui lui passait par la tête, dit le chancelier Pasquier, était au fond très réfléchie et de bon conseil. »

Le baron de Frémilly, qui n'était pas très bienveillant, la décrivait de son côté : « La plus ingénue des femmes d'esprit, pétrie jusque dans sa voix de grâces douces et modestes, aussi prête à pénétrer dans les profondeurs de la conversation la plus ardue, qu'à dire des riens ou à se taire. » Il juge qu'elle a des dehors un peu timides, qu'elle trouve des mots fins, charmants et a de petits éclairs de gaieté originale. Il ajoute : « A tout ce charme extérieur, joignez une grande hauteur de principes, une vertu forte et chrétienne, une charité infatigable. Mettez, si vous voulez, une grande instruction bien cachée, une sensibilité profonde et qui ne fut que trop éprouvée, voilà Mme de Pastoret. »

En 1817, la mère d'Amédée, qui était alors âgé de vingt-six ans et avait déjà occupé plusieurs

postes brillants dans l'armée et dans l'administra-
tion, envoya au philosophe Joubert, avec une dé-
dicace, un poème, *Les Troubadours,* que le jeune
homme avait publié quatre ans auparavant. Ces vers
sur les comtes de Toulouse étaient médiocres, et il
semble que l'ami de Mme de Pastoret eut besoin
de penser à elle pour les juger avec indulgence.

« Les quelques vers que j'en ai lus au hasard,
« écrit-il à son amie, ont parfaitement satisfait
« mon esprit... Ce livre est aussi orné d'un sous-
« titre d'une écriture qui en augmentera infini-
« ment le prix, mais dont je crois que l'ouvrage
« aurait pu se passer à la rigueur. Ne dites rien
« de tout cela à l'auteur. Les jeunes gens (et
« même celui-là probablement), pleins de leurs
« forces et de leurs distractions, n'entendent rien
« à ces faiblesses de goût et d'esprit, que je cul-
« tive en moi précieusement pour tout ce que
« j'aime de beau et de bon. »

Joubert termine cette lettre en disant :

« Croyez, madame, et croyez bien que quand
« je n'irais jamais vous voir, je penserais à vous
« plus souvent que ceux qui vous voient tous les
« jours. J'irai vous le prouver par le récit des cir-

« constances principales où vous avez joué le
« premier rôle, depuis deux ans, dans les vaga-
« bondages de mon esprit. »

La femme de l'auteur des *Martyrs,* à qui
Mme de Pastoret n'avait pas l'heur de plaire, lui
reproche sa conversion subite du jour au lendemain de la Restauration et dit que la duchesse
d'Angoulême avait « pris en passion tous les
Pastoret, grands et petits ». Conversion ou non,
son changement d'opinion leur fut fort utile, car
M. de Pastoret devint pair de France en 1815 et
reçut le titre de marquis en 1817. Il connut
encore d'autres honneurs, il fut ministre d'État et
chancelier de France. En 1830, il refusa le serment de fidélité à Louis-Philippe, ce qui amena
sa démission, mais Charles X le nomma tuteur
des enfants du duc de Berry. Il a laissé de nombreux volumes sur l'histoire de la littérature.

La marquise devint pour notre héroïne, à peu
près de son âge, l'objet d'une amitié passionnée,
qui rend même assez étrange le ton cérémonieux
des lettres qu'elle lui adressait. Elle la fréquentait
assidûment, celle-ci acceptait ses transports avec

calme et lui rendait plus rarement ses visites.

« Je voulais aller vous voir ce matin, car je
« suis vraiment tourmentée du besoin de passer
« quelques heures avec vous, lui écrivait la
« pauvre Sophie, mais j'ai découvert que le vent
« a le même effet sur moi que les peines morales;
« il m'agite le sang, ébranle mes nerfs, et je n'ai
« pas voulu, en sortant, risquer de lui laisser
« exercer sur moi une influence plus puissante.
« Avec tout cela, je ne vous vois pas; je m'en
« consolerais un peu si j'étais sûre que cela vous
« afflige, mais vous me paraissez si occupée que
« j'ai bien peur que vous n'ayez pas le temps de
« penser à moi, tandis que je fais une de mes
« principales affaires de vous aimer.

« On m'écrit de me rendre chez vous le 3 au
« matin pour le comité. Je ne croyais pas en être
« et je ne sais pas trop ce que j'y ferai, mais
« n'importe, je ne manquerai pas un rendez-vous
« où je suis sûre de vous trouver. J'aurais même
« été tentée (si vous eussiez été libre) de rester
« avec vous jusqu'à l'heure où votre monde arri-
« verait le soir; cela se pourrait-il sans vous
« gêner? Quand je vois un rayon de soleil, une

« violette, un oiseau, je me désespère de n'être
« pas là où on en jouit si bien et de ne pas y être
« avec vous. »

Elle lui écrivait pendant une absence de
Mme Verdier :

« Comme je me suis fait une règle de ne
« jamais déranger mes petites de leurs études du
« matin et qu'il faut, autant que possible, se tenir
« à ce qu'on s'est proposé, j'aurai le plaisir d'al-
« ler dîner mercredi avec vous. D'ailleurs je
« vous verrai entre votre oncle, votre mari et vos
« enfants, et il me semble que c'est au milieu de
« ceux qui vous aiment si bien, qu'on doit se
« plaire le plus à vous voir, parce que c'est là
« votre véritable place.

« C'est bien autre chose que des distractions,
« ce que j'espère trouver auprès de vous; croyez-
« vous donc que je ne vous demande que ce que
« le monde peut offrir et ce que je chercherais
« dans votre société, si vous n'étiez qu'une femme
« aimable? Mais ce doux accord de l'esprit et du
« cœur, ce besoin de confiance qui ressemble
« presque à l'amitié et qui en sont du moins le
« premier degré, voilà ce que votre conversation,

« votre accent, votre physionomie m'ont promis
« depuis que je vous connais, et je ne leur per-
« mettrai pas de manquer de parole. Je ne sais
« de quoi vous pouvez être effrayée avec moi.
« Ne pensez-vous pas que la vie que je mène
« depuis sept ans, seule à la campagne avec mon
« amie, a dû me donner une telle habitude de
« franchise et d'amitié, qu'on ne doit pas craindre
« d'être trompé avec moi, quand je parle d'atta-
« chement; je ne connais qu'un trait de mon
« caractère qui puisse effrayer ceux qui veulent
« bien m'aimer un peu. C'est un mouvement
« d'enthousiasme, que je ne reconnais pour tel
« que quand il est passé, qui ne passe que quand
« le fond ne répond pas à ce que l'apparence
« promettait, mais aussi qui, tout le temps qu'il
« dure, embellit l'objet qui me plaît, de manière
« à me faire vraiment illusion.

« Mais avec vous il n'y a pas d'illusion à
« craindre, vous en êtes bien sûre et moi aussi.
« Tout ce qui est en vous est bon, vrai, fait pour
« l'amitié, dont je me figure que vous n'avez
« jamais goûté tous les charmes. La seule erreur
« que l'on puisse commettre auprès de vous,

« c'est de ne pouvoir s'empêcher de ne pas croire
« que vous n'aimiez pas un monde, où le charme
« de votre esprit doit vous donner tant d'agré-
« ment; c'est de supposer que l'habitude de ce
« monde que vous avez, quoi que vous en disiez,
« ne vous fasse pas trouver un peu de langueur
« dans l'intimité du tête-à-tête, ou d'un petit
« cercle d'amis; c'est enfin la crainte de vous
« paraître sauvage, triste et fâcheuse, en vous
« laissant trop voir que, quand il faut vous parta-
« ger avec un grand cercle, on aime presque
« autant ne pas vous voir... A présent, j'ai tout
« dit; vous voyez que moi aussi j'ai ma peur et
« je ne sais trop laquelle de nous a le plus de
« raison de craindre.

« Ne croyez pas pourtant, d'après ce que je
« viens de vous dire, que je sois misanthrope au
« point d'avoir effroi du monde. Non, je ne le
« hais pas, mais je m'y sens déplacée. J'ai trop
« vécu de tendresse dans ma solitude, pour pou-
« voir m'amuser longtemps du bruit aimable de
« l'esprit; il me faut nécessairement, pour en
« jouir, m'affectionner un peu à ce qui m'en-
« toure. Aussi, l'idée d'une réunion intime de

« quelques personnes aimables, dont deux ou
« trois me seraient chères et dont le reste m'ins-
« pirerait un doux intérêt, a-t-elle été toujours la
« chimère dont je me suis bercée dans le cas où
« j'habiterais Paris et je n'ai pas désespéré encore
« de la réaliser.

« Je n'ai point de nouvelles de mon amie, ce
« qui me laisse bien seule, je sens que son
« absence m'a ôté la meilleure partie de moi-
« même et il me semble qu'il faut être bien
« indulgent pour m'aimer encore avec ce qui
« en reste. Adieu madame, ne *riez* pas non plus
« de me voir répondre une si longue lettre à
« votre billet, mais ce n'est pas avec vous que je
« saurais m'arrêter.

« Je serai chez vous à quatre heures avec mes
« trois enfants, est-ce une heure convenable ? »

Vers l'été de 1803, Mme Cottin, dont la santé
n'était pas satisfaisante, songea à accompagner
Mme Verdier et ses filles qui avaient également
besoin d'aller prendre des eaux thermales. Elles
choisirent Bagnères-de-Bigorre dans les Pyrénées,
dont la retraite, loin de la tentation de Paris, favo-
riserait le recueillement nécessaire au travail de

l'auteur qui préparait alors son roman de *Mathilde*.

Elles se mirent en route à la fin de juin, voyageant à loisir et s'arrêtant toutes les fois qu'un endroit intéressant se présentait sur leur chemin. Elles avaient l'intention de passer par Tonneins, où toutes deux désiraient revoir leurs anciennes et nombreuses connaissances, et c'est de cette petite ville que, le 4 juillet, Mme Cottin écrivait à Mme de Pastoret :

« Notre voyage a été jusqu'ici le plus char-
« mant, le plus heureux du monde; je ne veux
« plus entendre parler que de la poste, on ne
« voyage bien qu'à petites journées. C'est de
« cette manière seulement qu'on peut faire une
« partie de la route à pied et on ne voit bien un
« pays que quand on s'y promène dans tous les
« sites pittoresques.

« Nous avons été respirer l'air de la chevale-
« rie dans l'antique château d'Amboise, nous
« avons gémi sur les ruines de divers célèbres
« monuments et, enfin maintenant, nous respi-
« rons en paix dans les champs paternels, dans
« ces champs où ma cousine et moi avons com-
« mencé à vivre, à nous connaître et à nous

« aimer. Pour compléter les biens de ce voyage,
« cette chère cousine s'est parfaitement rétablie;
« le mouvement et la distraction lui ont rendu
« l'embonpoint, la fraîcheur de ses premières
« années, et moi, madame, je leur dois presque la
« gaieté. Dans les temps qui suivent le malheur,
« souvent les choses les plus aimables fatiguent,
« en voyage on trouve le secret de s'amuser des
« plus ennuyeuses.

« S'il est vrai, madame, comme vous l'avez dit
« quelquefois, que nos tempéraments se res-
« semblent, croyez-moi, laissez tous les remèdes,
« montez en voiture et venez nous joindre à
« Bagnères. Je vous dirai comment on s'arrange
« de l'obligation de faire des visites d'étiquette
« et de recevoir des dîners de cérémonie, et, avec
« cette science-là, vous ne craindrez plus l'ennui,
« car ces deux choses sont assurément ce qui en
« donne le plus dans la vie.

« Six semaines de séjour dans une petite ville
« forment bien dans ce genre, il faut périr ou s'y
« faire, j'ai pris le dernier parti et je m'en trouve
« à merveille. D'ailleurs, il y a tant de joie répan-
« due autour de moi, que j'aurais été bien mala-

« droite de n'en pas prendre ma part. M. Ver-
« dier est si fier de pouvoir montrer ses filles,
« Mme Verdier si fière de leurs succès, Delphine
« et Éliza si charmées de tant de parties de cam-
« pagne, de concerts, de bals dont elles sont les
« reines, et tous nos anciens amis si tendres pour
« nous, si reconnaissants de ce que nous sommes
« revenus les voir, que si mon cœur au milieu de
« tant de biens n'avait pu être content, il m'aurait
« donné bien mauvaise opinion de lui et, quoi
« qu'il eût fait par la suite, je me serais toujours
« souvenue de ce tort-là.

« Il y a un tel charme attaché au lieu où on a
« passé son enfance, que pendant un moment,
« ma cousine et moi, nous nous sommes regar-
« dées, entendues, demandé : resterons-nous ici ?
« Mais l'éducation de ses filles, mais *Mathilde*,
« mais enfin toutes les raisons qui nous rap-
« pellent à Paris, ne nous ont pas permis de
« nous fixer à ce parti, et je conviens que cela n'a
« pas été sans regret : nous partons le 23 pour
« Bagnères. »

C'est ici qu'il faut sans doute placer ce bal
dont parle Bouilly où Mme Cottin avait accom-

pagné ses nièces. Elle cherchait modestement à se faire passer pour leur gouvernante, craignant que son nom n'attirât trop l'attention sur elle. Une certaine robe couleur feuille morte, qui était celle qu'elle avait adoptée, la fit reconnaître (1).

La destinée attendait la jeune femme dans cette paisible station pyrénéenne pour lui faire éprouver toutes les délices et tous les tourments de l'amour qu'elle avait prêtés à ses héroïnes. On peut dire qu'elle lui fut encore plus amère, car Claire d'Albe, Malvina, Amélie avaient eu les satisfactions suprêmes de la passion, tandis que celle qui les avait enfantées, n'en eut à la fin que les ardeurs méprisées et le triste courage du renoncement.

Les deux cousines allèrent demeurer place d'Uzer, dans une des maisons les plus respectables de Bagnères, celle de la famille Soubies, dont l'un des membres devait illustrer sa ville natale et travailler activement à sa prospérité.

Son chef François-Marie Soubies, commissaire

______

(1) A ce moment-là, on menait de bonne heure les jeunes filles au bal; aussi le même Bouilly raconte-t-il naïvement des choses invraisemblables, arrivées à des danseuses de quatorze ou quinze ans.

national du Tribunal de l'Adour, avait eu pour père
un médecin, qui lui-même était fils de deux générations de notaires. A ce moment, il avait trois filles
dont l'aînée était âgée de neuf ans, et la future
illustration du pays, Pierre-François, venait de
naître. Sa femme, Catherine Cuilhé, menait l'intérieur en bonne ménagère; sa sœur Fanny, non
mariée, âgée de quarante-deux ans, douce et obligeante, devait devenir aussi la tendre amie de
Mme Cottin et la confidente des divers états de
son cœur. La famille était complétée, si l'on peut
dire, par le précepteur des enfants, échoué dans
cette situation après une vie passablement tourmentée et qui n'était autre que le philosophe Azaïs.

L'âme poétique de la jeune veuve s'enthou-
siasma à la vue de ces beautés de la nature, dont
le souvenir s'était peut-être légèrement estompé
dans sa mémoire depuis son premier voyage. Le
paysage qui se déroulait sous ses yeux la rem-
plissait de délices.

Bagnères étend sur la rive gauche de l'Adour
ses maisons blanches coiffées d'ardoises, se détachant sur la verdure des jardins. Elle s'adosse
aux premiers contreforts, le Bédat, le Monné,

dont la masse rocheuse est maintenant voilée d'un manteau de hêtres. Le soleil a disparu depuis longtemps derrière leurs sommets, baignant d'une ombre froide les allées Maintenon à mi-hauteur, qu'il réchauffe encore la partie opposée de la vallée. De là, le panorama s'agrandit du massif de Lhéris avec son célèbre casque de pierre.

Au fond se dresse la haute montagne, l'Arbizon, le Pic du Midi qui domine la chaîne dentelée, séparant la vallée de Lesponne, de Barèges et de Saint-Sauveur. C'est dans ses flancs hérissés de sapins, que dort le lac de Peyralade, émeraude dans une coupe de granit rose, et aussi le lac Bleu, le plus grand et le plus profond des Pyrénées. A droite, le Montaigu profile sur le ciel sa cime élancée et ses neiges presque aussi éternelles que celles du Pic.

Dans la plaine émaillée de villages groupés autour de leur clocher neuf, le camp de César sur la route de Tarbes semble en garder l'entrée, et l'horizon s'éloigne dans un lointain bleuâtre qui rappelle la mer. La vallée de Campan (1), avec ses

(1) Ramond, dans ses *Observations sur les Pyrénées*, en a fait une admirable description devenue classique.

cabanes aux toits moussus, se relève au milieu de bouquets d'arbres et de tapis de velours vert jusqu'à la ligne sombre des forêts de Hount-Blanquo. Tout au bas, l'Adour roule, en des rives calmes, les débris de rocs arrachés des hauteurs de ses sources, qu'il amène en bonds désordonnés au travers des cascades du Tourmalet et de Gripp, en conservant jusqu'à Bagnères ses allures de torrent.

Mais la promenade favorite des Bagnérais est le Bédat, dont le versant méridional se dore au printemps de touffes de narcisses jaunes, de tulipans sauvages. Suivant une tradition immémoriale, les habitants de la ville vont les cueillir le lundi de Pâques. — Peut-être les amoureux dont nous parlerons tout à l'heure, allèrent-ils, eux aussi, sacrifier à ce poétique usage.

Dans sa vive admiration de ce ravissant pays, Mme Cottin écrivait à son beau-frère André Cottin (1), qui habitait Guibeville et avec lequel,

---

(1) Il épousa en 1812 sa nièce, Pauline Jauge, sœur de Théodore et d'Amédée. On a de lui un livre politique intitulé : *l'Esprit du siècle*, paru en 1821 chez J.-G. Dentu, imprimeur-libraire.

ainsi qu'on en jugera, elle était dans les termes les
plus confiants et les plus affectueux, malgré ses
opinions voltairiennes :

« Bagnères, 25 juillet 1803.

« J'ai éprouvé un plaisir si doux et si vif à
« revoir mes belles montagnes, mes eaux si lim-
« pides, mes vertes et fraîches prairies, qu'il me
« serait impossible de ne pas vous en dire
« quelque chose; l'effet que produit sur moi la
« vue de ce pays-ci est bizarre et, quoique tou-
« jours le même, il me surprend toujours. Aus-
« sitôt que j'aperçois ces pics mystérieux et toutes
« leurs beautés si multipliées et si différentes des
« beautés de la plaine, je me sens troublée, ravie,
« enjouée, je voudrais voir rouler éternellement
« ces torrents, monter dans toutes ces routes,
« voler sur toutes ces cimes, je voudrais multi-
« plier mon être, et que la force d'aller partout
« répondît au désir de tout voir. Je suis accablée
« de mon insuffisance devant ces masses prodi-
« gieuses; comment espérer les franchir, mon
« imagination le fait cent fois par jour, mais elle

« a beau s'élancer en tous les sens et me tour-
« menter de tous les aspects qu'elle suppose,
« mon corps reste là et, en faisant même au delà
« de ses forces, il reste tellement en deçà de ce
« qu'elle lui demande, que la distance qu'il y a
« entre la puissance de l'un et les désirs de
« l'autre me jette dans une sorte de supplice.

« Bagnères est située aux pieds des Pyrénées,
« c'est une jolie petite ville, bâtie en partie
« en marbre et couverte en ardoise. L'Adour
« la traverse, roule ses flots écumeux sur un
« lit de cailloux et de roches vives, et se par-
« tage en une infinité de canaux, soit pour arro-
« ser les prairies et les jardins, soit pour couler
« en ruisseaux limpides dans chacune des rues
« de la ville. Il n'y a point de quartiers ici
« d'où on ne respire la fraîcheur des eaux, d'où
« on n'entende leur doux murmure; il n'y a point
« de cabane dans les environs dont on n'ambi-
« tionne de faire sa demeure, et on ne peut aller
« boire les eaux et prendre les bains qu'en tra-
« versant des lieux enchantés, de véritables para-
« dis terrestres.

« J'ai pris ce matin un bain à Salut, dans une

« baignoire de marbre jaune jaspé, où un dau-
« phin de marbre noir verse à grand bruit une
« eau tempérée toujours courante. Devant la
« source où s'assemblent les buveurs, est une
« promenade de platanes et de tilleuls; c'est là
« qu'on cause, qu'on se connaît, qu'on se lie.
« La fontaine de Salut coule à un quart de lieue
« de la ville, dans une petite gorge bien étroite,
« mais bien pittoresque et bien ombragée; on
« arrive aux bains par une allée de superbes
« peupliers, de petits torrents descendent de la
« montagne et viennent arroser les prés fleuris
« qui bordent la route.

« Mais ce qui fait l'objet de mon envie, c'est
« une cabane située sur le sommet d'un pic ver-
« doyant et dont le toit azuré perce à travers les
« massifs de tilleuls ou de châtaigniers; une cas-
« cade jaillit auprès, un sentier tournoyant y
« conduit, et plus bas une fileuse en capuchon
« rouge conduit ses vaches dans de gras pâtu-
« rages. Il me semble que s'il y a du bonheur
« sur la terre, il doit se trouver dans ces char-
« mantes solitudes. On se tourmente à Paris
« pour avoir de l'argent pour acheter son plai-

« sir, ici il se trouve sans frais et sans peine.

« A une demi-lieue de Bagnères, à l'entrée de
« la vallée de Campan, une femme ruinée est
« venue s'établir avec son mari et sa nombreuse
« famille; à l'aide d'une source abondante et vive,
« ils ont construit un moulin à soie, un moulin à
« bled, un moulin qui blanchit le fil et la toile;
« ces établissements les occupent et les font vivre
« en grande abondance. Leur maison est propre
« et jolie, leur jardin plein de fleurs, de légumes
« et coupé de ruisseaux; un peu plus loin, ils
« pêchent des truites dans un bassin naturel et
« limpide dont la source vient d'une profonde
« grotte de marbre blanc, où on entre à travers
« des guirlandes de fleurs sauvages et des fes-
« tons de lierre. Ils sont encore riches d'un beau
« verger, de plusieurs prairies et d'un groupe de
« cinquante arbres, les plus magnifiques que j'aie
« vus de ma vie.

« Ces heureux habitants passent toute l'année
« dans ce charmant asile qui l'est encore pendant
« l'hiver; les eaux si fraîches pendant ce temps-ci,
« se réchauffent dans la mauvaise saison, la
« neige ne les incommode point; ils ont autour

« d'eux tout ce qui suffit à la vie et au bonheur,
« et le reste du monde ne leur offre point de
« plaisir qu'ils ne trouvent chez eux plus facile
« et plus aimable. Ils possèdent tout ce que l'ima-
« gination de l'homme peut concevoir de propre
« à la félicité, oui tout, jusqu'à une église antique
« où ils vont non pas prier, mais bénir le Dieu
« de leurs pères du bien qu'ils ont reçu de sa
« bonté. Certes, ils seraient bien étonnés s'ils
« savaient qu'il existe des hommes qui se disent
« raisonnables et qui emploient cette raison, dont
« ils sont si fiers, à argumenter contre l'idée la
« plus universellement reçue, la plus naturelle, la
« plus consolante.

« Je vous amuse donc André, et moi je vous
« plains. Si ma dévotion vous paraît drôle, votre
« incrédulité me semble bien affligeante pour
« ceux qui vous aiment et bien cruelle pour
« vous. Peut-être vous trompez-vous en croyant
« que j'ai plutôt deviné l'esprit du christianisme
« qu'étudié son histoire. Que savez-vous, si ce
« n'est pas cette étude qui m'a persuadée...

« Quand, à force d'avoir réfléchi, vous serez
« convaincu qu'il n'est aucun système religieux

« sur la terre qui puisse satisfaire la raison et
« que, cependant, ce qui la révolte le plus est de
« douter de tout et de ne croire à rien, alors
« vous penserez peut-être qu'il est des idées d'un
« ordre trop relevé pour elle et d'une telle hau-
« teur que les yeux de cette petite raisonneuse ne
« pourront jamais y atteindre, et peut-être direz-
« vous alors que ce qui réprime le vice, encou-
« rage la vertu, console le malheur, remplit tout
« le cœur, satisfait l'imagination et dans ses
« résultats est conforme à la raison, est la seule
« vérité qu'il y ait au monde... »

Tous à Bagnères firent le meilleur accueil à
cette jeune femme que sa réputation d'écrivain
avait précédée. La maison de la place d'Uzer
devint plus que jamais le rendez-vous des esprits
distingués du pays, tels que : M. de Jaula, parent
des Soubies, qui fut maire de Bagnères; l'agile
Ramon de la Carbonnière, ancien secrétaire du
cardinal de Rohan, qui avait connu tous les secrets
du château de Saverne. Il était venu se remettre
des intrigues de cour au sein des Pyrénées et les
parcourait avec passion. Le comte Russel, non
moins intrépide excursionniste de ces mêmes

montagnes, a perpétué sa mémoire il y a quelques
années, en donnant son nom à une Société
d'explorateurs pyrénéens. A ce moment, le charme
de l'aimable Sophie l'avait conquis, semble-t-il,
au point d'exciter la jalousie d'un autre com-
mensal de la maison (1). On y voyait les docteurs
Dumoret et Borgella, le peintre Jalon, tous ayant
encore leurs descendants dans ce même endroit;
les deux frères de Ségur, dont l'aîné avait fait la
guerre d'Amérique avec Lafayette et le second,
après avoir été maréchal de camp, s'était consa-
cré aux lettres; le jeune comte Molé, descendant
de Mathieu Molé, futur pair de France; le chevalier de Parny, connu par ses poésies légères, élé-
giaques et antireligieuses. C'était d'ailleurs un
homme charmant, plein de verve, qui trouvait
grâce devant la sérieuse protestante.

De même voulurent être présentés à l'auteur
célèbre les étrangers de marque venus à ces
sources bienfaisantes pour prendre les bains cal-

(1) Académicien sous l'Empire, Ramond fut aussi
vice-président du Corps législatif et préfet du Puy-de-
Dôme. Sa femme apprit aux Bagnéraises à tirer parti
de leurs tricots de lainage.

mants de Salut, les eaux fortifiantes de la fontaine ferrugineuse et celle de Labassère, guérison assurée des bronches malades. Don José de Lugo, descendant des vieux souverains de Léon et de Galice, alors consul général d'Espagne à Paris, était venu à Bagnères en 1800, bravant les menaces d'expulsion que Talleyrand n'osa pas exécuter. Il guérit sa santé aux bains de la Guthière, qui appartenaient au comte Mathias du Moret, ancien colonel des gardes de Marie-Antoinette et en épousa la nièce, Mlle Rose de Soulé, créole de Saint-Domingue, qui lui apporta en dot cet établissement. Vingt-huit ans plus tard, revenant d'Espagne, il lui donna le nom célèbre de *Frascati* et, joignant l'agréable à l'utile, en fit une sorte de précurseur du casino. On y donnait des fêtes, auxquelles il prenait un vif plaisir malgré son grand âge (1).

(1) Il eut quatre enfants : deux fils, Auguste et Charles de Lugo, qui ne se marièrent pas, et deux filles. L'aînée épousa M. de Foronda, un Espagnol de Pampelune, et l'autre un Français, M. Eugène Desazars de Montgaillard. Leurs enfants habitent toujours Bagnères. Les sources de Bagnères étaient alors réparties entre plusieurs propriétaires; la villa Théas appartenait à M. de Jaula, Salut à la famille d'Uzer, Santé et Tivoli au comte

Son frère Stanislas de Lugo fréquentait aussi le salon Soubies, avec sa femme la comtesse de Montijo, grand'mère de l'impératrice Eugénie, qu'il avait épousée aïeule déjà d'une nombreuse tribu. Palafox, marquis de Lazan, qu'on voyait aussi dans l'entourage de Mme Cottin, était le frère de l'héroïque défenseur de Saragosse et le gendre de la comtesse de Montijo.

Du reste, cette petite ville a toujours passé pour distribuer libéralement sa cure physique et morale par ses eaux et son amour du plaisir. Mme du Noyer raconte, dans ses *Lettres Historiques et Galantes du dix-septième siècle*, tout l'agrément qu'elle y trouvait, et chacun connaît la chanson : « Bagnères, Bagnères, séjour de plaisir et d'amour, etc. »

Un intérêt du salon Soubies était aussi le philosophe Azaïs, dont la parole éloquente exposait avec feu ses conceptions sur l'ensemble de l'univers et la religion nouvelle qui émanerait de ses conclusions.

Mathias du Moret; Versailles, Lasserre, Cazeaux, à d'autres, jusqu'au moment où on les réunit aux Thermes, établissement municipal.

Hyacinthe Azaïs, âgé alors de trente-sept ans, était né à Sorrèze dans l'Aude, au pied de la montagne Noire. Son père, musicien assez médiocre, perdit sa femme alors que l'enfant avait deux ans et demi. Il passa ses premières années au collège des Bénédictins où l'on faisait de bonnes études, en attendant celles qui se firent ensuite sous la direction du Père Lacordaire. Le jeune Azaïs s'occupa surtout de sciences naturelles et de musique. Le violon fut sa consolation jusqu'à sa dernière heure.

A seize ans, il alla rejoindre à Toulouse son père qui s'y était remarié. Leur vie de gêne et de privations lui répugna, il voulut entrer en religion; on l'empêcha de se faire chartreux, il se borna aux Frères de la Doctrine Chrétienne. Mais il n'avait pas la vocation, un évêque lui rendit sa liberté. Son père voulut en faire un magistrat, il préféra s'en aller comme organiste à l'abbaye de Villemagne, près de Béziers. Mais, là encore, ce voisinage ecclésiastique lui déplaît, il n'a de satisfaction que dans les longues promenades aux horizons étendus, pendant lesquelles il rêve solitaire et la nature lui parle, croit-il.

Un jour, un châtelain du voisinage lui offre de venir donner des leçons à ses enfants, et il se transporte à Saint-Gervais. Là, Mme de Rivière, sœur du châtelain M. du Bosc, attire la confiance du jeune homme et démêle en lui une intelligence aventureuse, une sentimentalité portée à l'extrême, mais aussi une noblesse capable de refréner ses désirs. Elle fut pour lui une conseillère prudente, qu'il écouta toute sa vie.

Compromis dans la politique ainsi que M. du Bosc, il est obligé de quitter Saint-Gervais et vient à Bagnères, où il retrouve son père marié pour la troisième fois. La vue des Pyrénées l'émeut profondément. Devant la grandeur inquiétante de ce spectacle, il lui vient une explication du monde physique et moral. Après d'autres années de vicissitudes et de changements, une brochure : *le Législateur de l'an V*, le fait condamner à la déportation. On le cache chez un ingénieur de Tarbes, puis à l'Hôpital, et il y reste dix-huit mois dans un grenier d'où il ne sort que la nuit. Dans cette retraite, il s'abreuve aux Pères de l'Église du dix-septième siècle : Bossuet, Bourdaloue, Fénelon, François de Sales; cet illuminisme, combiné avec les livres de science trouvés chez l'ingénieur, lui sert de base pour sa philosophie, et il écrit son système : *Des compensations dans les destinées humaines*. Pour lui, la somme de nos joies est égale à celle de nos peines.

Au retour d'Azaïs à Bagnères, Fanny Soubies partage l'influence de Mme de Rivière sur ce rêveur dont l'impressionnabilité et le fragile équilibre moral vont presque jusqu'à l'extravagance. La vue des montagnes le pénètre de ravissement ou de terreur, et il l'exprime par un torrent de phrases ampoulées, venant d'une âme naïvement personnelle qui rapporte tout à soi et donne la même valeur aux petites qu'aux grandes causes. Habitué à un entourage féminin, depuis Mme de Rivière jusqu'à Fanny Soubies en passant par de jeunes religieuses, dont il avait failli être amoureux, et deux jeunes filles auprès desquelles il joua à Tarbes un rôle assez singulier, il trouvait l'admiration des femmes toute naturelle. Et dans un mariage proposé par Fanny, qui ne réussit d'ailleurs pas, il ne voyait que la fortune de la fiancée lui donnant des loisirs pour son travail. Sa situation de précepteur lui en procurait d'ailleurs suffisamment pour étudier la nature et consigner ensuite ses observations, quand il était de retour dans sa petite chambre située sous les toits.

Comment Mme Cottin s'éprit-elle de ce personnage à l'existence décousue, au caractère bizarre? On pourrait se le demander si l'on ne voyait tous les jours des femmes d'une grande intelligence, des femmes de talent, s'éprendre d'hommes qui leur sont très inférieurs. Le cas ne se présentait pas ici. Azaïs était un esprit remarquable, nul ne le conteste, mais souvent erroné, ce qui influa sur ses opinions et sa conduite.

Il est très vraisemblable que leur enthousiasme commun pour les beautés de la nature fut tout d'abord en elle un motif de sympathie. Enthousiasme toujours inspiré par Jean-Jacques, qui avait joint au développement de la sentimentalité, une compréhension de la nature inconnue jusqu'alors. Vision nouvelle devenant une source d'émotion et de poésie, dont un si grand nombre d'écrivains ont tiré parti depuis. Cette attirance s'accroissait encore d'une sensibilité exaltée, pareille à la sienne. Ensuite, son tendre cœur fut pris de compassion à la pensée que cet homme éminent, doué de facultés aussi remarquables et d'une science aussi universelle, en était réduit à cette position subalterne; ensuite, son âme simple fut subjuguée par le verbe entraînant avec lequel il exposait sa doctrine; ensuite... il ne faut jamais demander le pourquoi de l'amour.

Il la promena dans ce ravissant pays, si bien connu de lui en ses moindres détails. Une pierre, un arbre, un oiseau, une plante, un torrent, une échappée de vue, lui servaient de thème pour développer le rôle de tous les êtres vivants et inanimés dans l'harmonie du monde. Elle écoutait religieusement ses paroles lui dévoilant le plan de l'univers et lui enseignant comment chacun des humains contribue à l'ordre établi par Dieu, en se perfectionnant pour mériter l'immortalité par la sagesse, fin pour laquelle il a été créé. Cette immortalité l'appelle dans une autre planète, où il continue à progresser en des transformations successives, tandis que les âmes, restées vicieuses, retournent à la mort dans le néant. Les forces de l'univers, expansion et concentration, se neutralisent et dans le domaine moral leur

prépondérance alternée, mais non exclusive, éta-
blit un équilibre qui est celui des compensations.

Ces vastes questions n'avaient guère été agitées
jusqu'alors dans un cerveau épris de Jean-Jacques
surtout par les fibres de la sensibilité. Frappée
par la grandeur d'une pareille conception méta-
physique, il parut à son admiratrice que ce système devait abolir tous les autres. Mais le malheur
de cette âme tendre voulut que par le cerveau
tout le reste de son être fût envahi. Moins d'un
mois passé dans ces conversations transcendantes,
la néophyte aimait l'apôtre.

Elle allait connaître à son tour les émotions
que ses ardeurs contenues avaient prêtées à Claire,
à Malvina, à Amélie. Elle allait éprouver les délices de l'attrait vers un être qui semble unique,
de l'amour timide se demandant s'il est partagé
et connaissant déjà l'inquiétude, de l'amour qui se
rapproche de l'homme aimé et reconnaît, ô ravissement! qu'il le partage; elle allait connaître le
bonheur de l'exprimer et la réponse qui emplit
d'une joie ineffable. Car, tel qu'était Azaïs, il nous
est permis de penser, sans offenser la mémoire
de cette délicieuse femme, qu'elle dut abandonner

un peu de sa réserve, pour amener le philosophe, très occupé de lui-même, à s'apercevoir de la place qu'il tenait dans le cœur de son ardente disciple.

Sa conquête était alors âgée de trente-trois ans et dans le plein épanouissement de sa maturité commençante. Sans être jolie, à cause de ses traits presque forts, ses beaux cheveux blonds, ses yeux très doux, sa bouche aux lèvres un peu épaisses, signe de bonté, son cou rond et droit, un air de langueur répandu sur toute sa personne, lui donnaient une véritable séduction. Veuve depuis dix ans, elle avait reçu sans s'émouvoir, et à diverses reprises, des hommages qui n'auraient pas demandé mieux que de devenir pressants. Cette fois, son cœur s'ouvrait de nouveau largement, avide d'aimer, de donner, pendant qu'il était temps encore, les trésors de tendresse et de dévouement dont elle se sentait remplie. Elle les déposait aux pieds de cette idole qui l'éblouissait, et qui, en véritable idole, les acceptait comme lui étant dus.

Car, sous cette sensibilité toute à fleur de peau, l'auteur des *Compensations* recélait une âme tranquillement bourgeoise et vaniteuse, faisant de son moi sa première sollicitude. Il trouvait tout naturel d'être admiré par une femme de talent, lui qui se prenait pour un génie, flatté seulement qu'elle fût la première à connaître sa doctrine et que le monde brillant, attiré par sa présence, lui donnât l'occasion d'en persuader d'autres. Gâté jusqu'ici par les femmes, ce n'était pour lui qu'une de plus attachée à son char, incapable de comprendre tout ce qu'elle lui offrait de chaleur et d'aide inlassable.

Mais elle sentait le besoin d'épancher son exaltation auprès d'autres encore que Julie Verdier et Fanny Soubies qui en étaient les témoins. Et tout naïvement elle parla à son beau-frère de ce nouveau sujet d'enthousiasme.

« Bagnères, 30 août 1803.

« Je vous l'ai dit, je ne puis assez vous le répé-
« ter, j'ai souhaité peu de choses dans ma vie
« aussi vivement que de vous voir ici. Il me
« semble qu'alors il ne me manquerait aucun
« plaisir; ceci a l'air bien tendre et bien extraordi-
« naire, surtout avec votre manière de compter les

« plaisirs, et je sens assez qu'en vous parlant avec
« mes idées, si vous m'entendez avec les vôtres,
« nous courons risque de ne pas nous entendre,
« mais n'importe. La même cause qui, en dépit de
« la différence de nos opinions, nous a liés d'une
« amitié si vraie, m'entraîne à vous parler avec
« une confiance que ne m'inspirent peut-être pas
« des personnes qui ont bien plus de concor-
« dance avec ma manière de voir.

« Je veux vous raconter la connaissance que
« j'ai faite ici, il semble que la Providence me
« l'ait ménagée pour le moment où toutes les
« idées religieuses fermentaient dans mon esprit;
« il n'y a là ni passion, ni exaltation, mais une
« grande surprise et une profonde reconnaissance
« pour le bienfait que le ciel me tenait en ré-
« serve, si tant est cependant que ce qu'on m'an-
« nonce soit exactement vrai; voici ce que c'est,
« mais je vous préviens qu'il faut me promettre
« une discrétion sans réserve et que, pour le
« moment, j'exige que vous soyez le seul qui ait
« connaissance de ce qui m'occupe.

« J'ai trouvé un homme à Bagnères, mais un
« homme à qui je ne dirai jamais : *homme cruel*

« *es-tu content de la passion qui me dévore*, car
« celui-ci, se détachant tous les jours des passions
« humaines, a déjà un pied dans le ciel. Proscrit,
« poursuivi dans le temps de la Révolution,
« obligé de se cacher, il a demeuré durant de
« longues époques seul dans une caverne, dix-
« huit mois dans un hôpital, maintenant il habite
« Bagnères depuis trois ans; depuis trois ans il y
« vit seul, gravissant les montagnes chaque jour,
« passant quelquefois les nuits à méditer sur le
« plus haut du pic du Midi, lieu pour le moins
« aussi propre à la méditation que la fontaine
« des peupliers de l'Auberderie, mais où elle doit
« prendre un caractère aussi grave, aussi solen-
« nel que mélancolique et tendre auprès de la
« forêt de Marly.

« C'est donc sur la cime de ce belvédère du
« monde qu'il a étudié la nature, et c'est là qu'il
« l'a devinée, puisqu'il prétend avoir découvert le
« lien universel qui unit toutes les sciences à un
« seul centre, fait découler de ce faisceau de lu-
« mières la preuve non pas *sentimentale*, mais
« la preuve rigoureuse, la démonstration ma-
« thématique de l'existence de Dieu, de l'im-

« mortalité de l'âme et des récompenses futures.

« La première fois que cet homme me parla
« de son système, c'était sur le bord d'un torrent
« à l'ombre des sapins; il s'exprima avec une
« chaleur, une éloquence si extraordinaire que je
« fus émue de surprise et d'admiration, et que je
« ne pus m'empêcher de m'écrier que, s'il n'était
« pas un insensé, il était un homme sublime.
« Depuis, je l'ai vu souvent, et chaque fois m'a
« confirmée dans cette dernière opinion; je n'ai
« point été initiée encore dans le secret de la
« grande science universelle, mais il m'a fait lire
« toutes les réflexions qui l'y avaient amené, et je
« ne connais que Pascal qui ait d'aussi belles
« pensées et qui les exprime avec cette noble
« simplicité.

« Je voudrais bien que vous fussiez avec nous,
« André, je voudrais que vous pussiez être pré-
« sent à la communication qu'il nous fera de son
« système aussitôt qu'il l'aura rédigé. Dans les
« petites choses, vous avez de la raideur et de la
« contradiction, mais les grandes vous entraînent
« et je connais peu d'âmes susceptibles plus que
« la vôtre d'être enthousiasmée par elles. Vous

« allez supposer peut-être que le désir de péné-
« trer dans les grands mystères est ce qui nous
« a déterminées à passer l'hiver ici; assurément
« cette raison aurait dû suffire et pourtant elle
« n'a eu que la plus légère influence sur notre
« décision. Julie, comme vous le savez, descend
« de saint Thomas, elle ne croit que ce qu'elle
« touche au doigt et à l'œil; l'homme en ques-
« tion ne lui paraît qu'un illuminé de beaucoup
« d'esprit; parce qu'il ne lui a pas dit encore ses
« pensées, elle les traite de chimères. Telles
« belles, telles avantageuses, telles désirables
« qu'elles paraissent, comme elle les trouve hors
« de toute vraisemblance, elle les rejette avec une
« telle incrédulité qu'elle me traite d'extravagante
« pour les écouter avec l'espérance de les trouver
« possibles. Aussi, le désir de les connaître n'a
« pas pu influer sur ses plans et comme c'est elle
« seule qui a tenu la balance de nos destinées de
« cet hiver, la curiosité n'y a été pour rien et
« l'économie pour tout.

« Vous devez bien juger qu'avec de telles pen-
« sées dans l'esprit et de si belles montagnes sous
« les yeux, ce n'est qu'avec répugnance que je

« suppose que je ne m'occupe que de ce que je
« vois, nullement de ce qui m'accompagne. Cela
« n'est pas tout à fait vrai, mais je me félicite
« qu'on le pense ainsi, puisque je ne laisse cette
« erreur que pour en empêcher une qui me nui-
« rait beaucoup.

« Depuis mon départ, je n'ai rien lu, ni jour-
« nal, ni livre nouveau, ni même les lettres de
« Jean-Jacques Rousseau et, qui plus est, je ne
« m'en soucie pas. Je ne suis et ne puis m'occu-
« per que d'une seule lecture. Mon Dieu, André,
« ne viendrez-vous pas la faire avec moi? Je
« laisse ce sujet, mais, s'il vous intéresse et que
« vous désiriez que je continue à vous en entre-
« tenir, gardez-moi un religieux secret.

« Adieu, André, il me semble que le besoin
« que j'ai de vous faire partager tout ce que
« j'éprouve, vous dit mieux que les plus longs
« discours combien j'ai d'attachement pour vous.
« J'embrasse Mme H..., j'espère pouvoir répondre
« après-demain à sa lettre. Mes plus tendres res-
« pects à votre mère.

« Et la maison, avez-vous fait quelques dé-
« marches pour elle? pouvons-nous conserver

« de l'espoir pour l'avenir? Parlez-m'en (1). »

Mais le sceptique André, sans doute, connaissait bien sa belle-sœur et, au reçu de cette lettre, il dut se dire qu'elle était retombée dans un nouvel emballement. Il ne se sentit nulle disposition de l'y suivre. Le jugement de Mme Verdier lui parut plein de sens et il désapprouva l'enthousiasme de Sophie pour cet inconnu. Sa réponse ne le lui cachait pas, ainsi qu'on peut le comprendre d'après l'épître qui lui fut envoyée dans le courant de septembre. On y voit aussi la douceur de cette nature de femme qui convient de ses petits travers, défend celui qu'elle aime déjà, mais ne perd pas son besoin de confiance en ce parent qui l'a probablement compris. Et pourtant ce qu'une amoureuse supporte le moins, ce sont ceux qui blâment l'élu de son cœur.

« Votre lettre m'a fait de la peine, André, c'est
« un malheur qui ne m'a presque jamais man-
« qué, que de vous voir prendre de la préven-
« tion contre toutes les personnes dont je vous
« fais l'éloge; cela repousse malgré moi ce besoin

(1) Il s'agissait de la maison de la rue Saint-Lazare, que Mme Cottin louait en effet.

« si doux qui me porte toujours à vous parler
« avec confiance. Sans doute je vous ai donné
« plus d'une fois sujet de vous méfier de mes
« jugements et je conçois que, pour penser
« comme moi sur la personne dont je vous
« parle, vous attendez de la connaître par vous-
« même; mais pourquoi vous *déplaît-elle souve-*
« *rainement :* lors même qu'elle m'inspirerait de
« l'enthousiasme, cela justifierait-il votre aver-
« sion? Je conviens que l'enthousiasme a quel-
« quefois porté mes opinions au delà de la
« vérité, qu'il m'a passionnée pour des choses
« qui n'étaient que charmantes, mais jamais pour
« des choses qui méritassent de vous déplaire
« souverainement.

« Il me semble que vous devriez être sûr qu'il
« y a toujours un peu de bon dans ce qui me
« plaît, peut-être en vois-je plus qu'il n'y en a,
« mais, s'il n'y en avait pas du tout, certainement
« je ne serais pas séduite et partout où il y a
« quelque chose de bon et d'aimable, on ne peut
« sentir cette *souveraine déplaisance* sans une
« souveraine injustice. Je reviens souvent sur ce
« mot, direz-vous, sans doute ; j'y reviens d'au-

« tant plus que ce n'est pas seulement mon
« enthousiasme qui s'en étonne, mais mon ami-
« tié qui s'en afflige.

« Quand je vous vois cette disposition à voir
« en mal ce que je vous peins en beau, je ne puis
« croire qu'il y ait dans votre cœur ce sentiment
« tendre qu'il me serait si doux d'y trouver. Il
« me semble que, s'il y était, il adoucirait en ma
« faveur la prévention de votre esprit; vous
« croiriez bien toujours que j'exagère, vous
« pourriez même me plaisanter sur mon enthou-
« siasme et vous efforcer de le modérer en me
« parlant raison, mais il y aurait au fond de
« votre âme une sorte de bienveillance pour
« l'objet de mes éloges et, tout en cherchant à
« me prouver que je m'abuse, vous ne pourriez
« vous empêcher d'aimer un peu celui que votre
« sœur admire beaucoup.

« C'est ainsi que sont faites les amitiés où les
« cœurs s'entendent, tandis que les esprits se
« contredisent; mais si vous ôtez de la vôtre cet
« attrait qui, en dépit de la raison, force à aimer
« ce que votre ami aime, que lui restera-t-il? Il
« lui restera toujours la mienne, qui toujours

« vive et constante, s'accroissant par l'absence,
« bravant les contradictions et n'étant pas même
« rebutée par les injustices, vous contraindra à
« vous unir à moi dans toutes mes affections et
« vous apprendra, j'espère, que quiconque ins-
« pire un pareil sentiment n'est pas maître de ne
« pas le rendre.

« Vous êtes la seule personne à qui j'ai parlé
« des nouvelles pensées qui m'occupent; pour-
« quoi ce choix, je devais être sûre que vous
« seriez celle qui les recevriez le plus mal : votre
« lettre confirme mes soupçons, et je vais conti-
« nuer à vous ouvrir tout mon cœur. Qu'est-ce
« donc que cette ténacité de confiance qui n'est
« pas arrêtée par ce qui la détruit ordinairement
« sans retour, l'opposition des esprits et presque
« celle du cœur. Je ne sais point expliquer cela,
« mais je sais encore moins résister à l'amitié
« qui m'entraîne à vous communiquer jusqu'à
« mes moindres pensées.

« Je devrais pourtant prendre garde à la ma-
« nière dont je vous les exprime, je devrais peut-
« être ne point les laisser s'échapper au moment
« où elles naissent, parce qu'elles sont alors

« vagues, incohérentes, et que vous prenez pour
« un jugement ce qui n'est qu'un premier aperçu
« qu'une seule réflexion m'aurait fait rectifier.
« En un mot, André, je sens bien que, si je
« n'avais pas été entraînée par le besoin de tout
« vous dire, j'aurais beaucoup mieux dit, et je
« ne vous aurais pas donné de fausses idées, qui,
« je le crains, feront une longue impression sur
« votre esprit.

« Non, cet homme n'est ni un fou, ni un
« insensé, mais un homme sage et raisonnable,
« qui, né avec des passions ardentes et une ima-
« gination aussi brillante que vive, a su voir que
« la route de la modération était la seule bonne
« et, ce qui est bien plus extraordinaire, il a su
« s'y tenir. Je ne dis point que c'est un homme
« sublime, mais qu'il a souvent de grandes et
« sublimes pensées, qu'elles naissent toutes de
« l'âme la plus belle et de l'esprit le plus juste,
« qu'il est impossible d'unir une raison plus par-
« faite à une plus grande chaleur de cœur et si
« peu d'exagération à un plus ardent amour de
« tout ce qui est bon et honnête.

« Né sans fortune, dans une classe peu élevée,

« mais avec une grande fierté et indépendance
« d'âme, un talent supérieur et des passions vives,
« il a su être juste au milieu de cette grande
« agitation révolutionnaire, il s'est toujours
« efforcé de soutenir ce qu'on voulait abattre. Il
« a parlé en faveur des nobles qu'il ne voyait
« pas, des rois auxquels il ne demandait rien, il
« a combattu avec énergie les tyrans qui s'éle-
« vaient sur les débris des mœurs, il en a été vic-
« time; errant, fugitif, il a passé plusieurs années
« caché dans les Pyrénées, il a étudié la nature et
« je crois qu'il a surpris tous ses secrets; mais je
« ne fais encore que le croire, je ne l'ai point vu.

« Ce qu'il m'a communiqué de ses écrits m'a
« appris seulement qu'il savait trouver un style
« aussi beau qu'élevé pour parler de la religion
« et de la morale, un style enchanteur pour
« peindre la nature, un style animé et vrai pour
« peindre les passions, et partout et toujours un
« naturel et une simplicité qui augmente le
« charme de ce qu'il dit et force à aimer l'auteur
« qui a si peu de peine à prendre pour faire si
« bien. Si vous voulez ajouter quelques talents
« agréables à ce portrait, je vous dirai qu'il est

« excellent musicien, composant de jolie musique
« depuis la symphonie jusqu'à la romance, jouant
« du violon, du piano et de plusieurs autres ins-
« truments, mais, pour payer tant d'avantages, il
« a un extérieur peu agréable et pas du tout de
« fortune.

« De si grandes qualités m'ont inspiré pour
« lui une véritable amitié, mais cette amitié toute
« bien fondée qu'elle est, n'ayant point été
« cimentée par le temps, ne peut avoir la force
« de celle qui m'attirait à Paris, ce n'est donc
« point son influence qui me retient à Bagnères.

« Au reste, nos projets à cet égard ne sont
« point encore arrêtés; ma cousine, et ma cousine
« seule, décidera, parce que c'est l'intérêt de ses
« enfants qui doit la déterminer. Si nous restons
« dans la solitude, c'est pour nous occuper d'eux;
« si nous y faisons des économies, c'est pour les
« en faire jouir un jour, et pour moi je vous
« avoue que je trouve tant de bien et tant de mal
« dans chacun de ces deux projets que je suis
« charmée qu'une autre décide pour moi. En
« demeurant à Bagnères, j'aurai le loisir de beau-
« coup travailler et j'en ai besoin; six mois passés

« dans la dissipation ont redoublé mon goût
« pour la retraite; si nous allons à Paris, j'y
« reverrai mes amis et sûrement, en les embras-
« sant, j'y trouverai que nous avons pris le meil-
« leur parti possible.

« Adieu André, adieu mon frère, adieu mon
« véritable ami. Je puis vous assurer dans la sin-
« cérité de mon cœur que je ne crois pas que
« vous ayez d'ami qui vous aime plus solidement
« et plus tendrement que moi.

« Mille amitiés à votre sœur, je lui écrirai
« dans peu de jours. J'embrasse votre maman
« avec une tendresse toute filiale. »

Cependant, l'amoureuse Sophie n'avait pu
résister au besoin d'épancher l'allégresse qui
l'emplissait dans le sein de l'amie chère restée à
Paris. Elle écrivit à Mme de Pastoret les ravisse-
ments de son âme en découvrant la vérité dans
l'ensemble du monde, et lui parla à mots couverts
du grand prêtre qui l'avait initiée à l'harmonie
universelle. La marquise n'eut pas de peine à
démêler qu'un pareil lyrisme avait sa source dans
le cœur de l'aimable romancière, bien plus encore
que dans son cerveau.

« Bagnères, 7 septembre 1803.

« J'ai pensé bien souvent à vous, madame,
« depuis que j'habite ce pays, le pays le plus
« enchanteur de la terre, où je me trouve si heu-
« reuse et où je crois que vous vous trouveriez
« si bien. Plus d'une fois dans nos promenades,
« quand j'étais frappée par ces beautés qui trans-
« portent, ou par ces sublimes horreurs qui font
« crier d'admiration et de surprise, je pensais à
« vous et je vous regrettais : il m'eût été si doux
« de vous dire mon plaisir et de partager le
« vôtre; votre cœur me plaît tant. Je l'ai entendu
« au milieu des cercles et du bruit de Paris, jugez
« comme je l'entendrais ici.

« Ce n'est point impunément que nous nous
« trouverions ensemble près des torrents qui
« mugissent et s'élancent du sein des antiques
« forêts de sapins. A la vue de ces grands effets,
« il faut, quand on n'est pas né pour vivre étran-
« ger l'un à l'autre, que les pensées s'exhalent et
« que le cœur s'épanche. Mon Dieu, madame,
« que de bonheur il y a dans ces moments-là!

« On m'assure que les montagnes me rendent
« folle, que m'importe si elles me rendent heu-
« reuse. Je ne puis vous exprimer de quelle plé-
« nitude de vie je sens mon âme se remplir à
« mesure que je m'élève sur des hauteurs; il me
« semble qu'on laisse derrière soi, avec le monde,
« les soucis et les tourments qu'il donne et qu'à
« chaque pas qu'on fait vers le sommet de la
« montagne, la pensée en fasse un vers le ciel.

« Je n'oserais dire qu'à vous qu'il m'est arrivé
« plus d'une fois, dans ces moments, de pleurer
« de joie, mais de cette sorte de joie qui doit
« être le partage des bienheureux. C'est alors que
« j'oublie le monde et ses calomnies et ses pas-
« sions et ses orages, ou du moins, si je m'en
« souviens, c'est pour jouir de la douce pensée
« qu'il n'y a plus rien entre eux et moi. Oui,
« madame, c'est ici que j'ai trouvé le repos du
« bonheur, c'est ici que j'ai déposé mon cœur
« sans regret et sans partage dans la seule vérité
« de l'univers, dans celle d'où découlent tous les
« autres, dans la sublime certitude d'un avenir
« éternel.

« Jusqu'à présent, mes idées errantes autour de

« cette grande espérance ne l'avaient point vue
« avec l'évidence où elle m'apparaît aujourd'hui,
« maintenant il n'y a plus de vague, il n'y a plus
« même de mystère, la plus grande clarté s'est
« répandue sur ce but magnifique de la création,
« et mon cœur la voit de la même manière que
« mes yeux le papier sur lequel je vous écris.
« Vous me permettrez un jour de vous dire par
« quelle route je suis arrivée à cette conviction :
« vous montrer les douces récompenses qui
« attendent la vertu, n'est-ce pas vous mettre
« d'avance en possession de biens qui vous sont
« dus?

« Je ne me suis point élevée si haut toute
« seule, ma pensée n'a point assez de force pour
« aller jusque-là, si elle n'avait été aidée par l'es-
« prit le plus profond et le plus lumineux, l'âme
« la plus pure, la plus noble, digne en un mot
« d'atteindre à la sublime intelligence. Vous
« parler ainsi d'un sujet que je ne puis déve-
« lopper encore, est peut-être une confidence
« prématurée, mais il me semble qu'il y a en
« vous une sorte de puissance qui me force à
« aller vous chercher et à vous ouvrir mon âme

« lorsqu'elle est occupée de choses bonnes et
« grandes, tant il est vrai qu'il n'y a rien de bon
« et de grand où il n'y ait quelque chose de
« vous.

« Je suis sûre que, dans la disposition où vous
« me voyez, vous ne seriez point étonnée du
« désir et même du projet que nous avons de
« passer l'hiver ici. Mon amie y trouvera toutes
« les ressources possibles pour l'éducation de ses
« enfants et, de plus, la solitude, où elle pourra
« s'en occuper entièrement. Les neiges qui com-
« mencent à tomber à la fin de novembre, n'em-
« pêchent point la température d'être plus douce
« ici qu'à Toulouse même; j'espère que ma cou-
« sine s'y portera mieux qu'à Paris et, pour peu
« que le froid l'incommodât, nous n'avons qu'un
« pas à faire pour nous rendre à Béziers et
« quelques-uns de plus pour aller trouver le
« printemps à Avignon.

« Pour moi, je me fais une bien grande jouis-
« sance d'être au sein des montagnes dans le
« moment où elles brillent de leurs plus impo-
« santes horreurs; je les ai vues dans toute leur
« beauté, je veux les voir dans leurs épouvan-

tables déchaînements, et je suis sûre que, couverte de neige comme parée de fleurs, la nature a toujours plus de charme à offrir que tous les spectacles que les grandes villes nous créent.

« Nos enfants se portent à merveille, Delphine a repris toute sa fraîcheur, mais non pas encore toute sa force; elle ne court pas tout à fait comme Éliza qui, à ce qu'on prétend, gravit la montagne comme un lézard et la descend comme une avalanche. Ma cousine se porte mieux, mais, pour que je sois contente, il faut que ce soit tout à fait bien et je ne me déciderai à retourner à Paris que quand j'aurai atteint ce but-là; elle se trouve à merveille ici, rien ne le prouve mieux que son désir d'y rester, quoique sa Mathilde ne soit pas avec elle.

« Ne me pardonnerez-vous pas, madame, de vous avoir écrit une si longue lettre, car, prenant la plume, je n'avais pas l'intention de dire tant de choses, mais j'ai été entraînée par votre ascendant, et il faut bien que vous me pardonniez de n'avoir pas pu m'en défendre.

« Veuillez nous rappeler au souvenir de

« M. de l'Étang et de M. de Pastoret, tâchez de
« les engager à ne pas nous oublier entièrement,
« malgré notre longue absence. Pour vous, ma-
« dame, je n'ai pas la même crainte, il me semble
« que le sentiment que vous m'inspirez me
« répond de vous et qu'il est impossible que
« vous ne pensiez pas quelquefois avec intérêt
« à une personne qui vous aime aussi sincère-
« ment. »

Et un peu plus tard :

« C'est un bonheur bien rare dans la vie,
« madame, que d'être parfaitement entendu, et
« j'ai tardé longtemps à vous remercier de me
« l'avoir fait connaître dans toute son étendue.
« Votre lettre a pénétré tout mon cœur. Mon
« Dieu, comme je vous ai bien jugée, comme
« j'avais raison de vous aimer malgré ce monde
« qui nous séparait et vouloir être aimée de vous
« en dépit de votre résistance ! Je savais bien que
« ce n'était pas le charme seul de votre esprit
« qui m'attirait ainsi vers vous et que, pour expli-
« quer mon penchant, il fallait absolument que
« vous eussiez l'âme que vous avez.

« Ah ! madame, que j'eusse été heureuse qu'une

« de ces circonstances uniques, telles que la Pro-
« vidence n'en envoie guère, vous eût envoyée
« ici cet été : comme je me serais appuyée de
« l'autorité de votre jugement et de votre cœur,
« pour me persuader que j'avais bien raison de
« croire et d'aimer toutes les idées qu'on me pré-
« sentait, comme elles m'eussent semblé, s'il est
« possible, et plus vraies et plus douces si elles
« vous eussent convaincue et consolée comme
« moi.

« Si nous avions été ensemble au sommet des
« montagnes et que là, en face du ciel et au-des-
« sus du plus beau pays du monde, vous eussiez
« entendu avec moi un homme éloquent vous
« parler de Dieu avec toute la grandeur qu'exige
« un pareil sujet et nous prouver les droits de la
« vertu en une vie future, par de telles raisons
« que jamais un autre homme n'en a su donner
« de pareilles, j'aurais joui de votre bonheur et le
« mien l'aurait augmenté.

« Je voudrais bien faire passer dans votre âme
« tout ce qui est dans la mienne, mais comment
« cela se pourrait-il dans une lettre ?... d'ailleurs la
« personne à qui je dois tant pour la consolante

« opinion dans laquelle elle m'a raffermie, s'oc-
« cupe de la rédaction d'un ouvrage dans lequel
« ces pensées seront mises dans le meilleur ordre
« et le plus beau jour. Jusqu'à ce moment, il
« désire qu'elles ne soient point communiquées,
« et je vous conjure même, madame, de vouloir
« bien me garder un profond secret sur l'ou-
« vrage dont je vous parle et sur l'homme qui l'a
« fait.

« Cet homme vit depuis cinq ans à Bagnères
« dans la plus complète solitude, toujours dans
« les montagnes, n'interrogeant que la nature, ne
« voyant qu'elle et ne s'occupant que d'elle; c'est
« sans doute pour récompenser un si constant
« amour qu'elle lui a révélé ses plus importants
« mystères. Mais pourquoi a-t-elle tardé si long-
« temps, que risquait-elle d'apprendre un peu
« plus tôt? Nous trouvions que la vertu et la
« sagesse sont de nécessité absolue pour le
« bonheur de cette vie et le seul gage qui puisse
« nous répondre de l'autre... Je m'arrête, il faut
« savoir quitter brusquement les sujets qui ne
« peuvent jamais s'épuiser.

« Je ne suis pas encore bien sûre que nous

passerons tout l'hiver ici. M. Verdier nous appelle à Tonneins et, s'il persiste à le désirer, il sera assez juste de lui donner ce plaisir, mais je regretterais nos montagnes avec un bien vif regret. Ce pays est encore si beau, le climat si doux, ma cousine y jouit d'une si parfaite santé! Depuis plus de deux mois, madame, elle n'a pas eu un moment de souffrance vous devez juger si c'en est assez pour me faire chérir les Pyrénées.

« Delphine est maintenant tout à fait formée et sans secousse, sans maladie. Éliza prospère comme une rose au mois de mai; tant de biens doivent attacher au lieu auquel on les doit, aussi n'aurai-je point l'ingratitude de le quitter sans peine, à moins que ce ne soit pour aller revoir et embrasser mes amis à Champlan. Promettez-moi bien, madame, je vous en con- jure, d'être une des premières à venir, aussitôt que j'y serai arrivée; c'est mon cœur qui vous adresse cette prière, et le sentiment bien vrai et bien tendre qui l'y porte, ne doit point être repoussé par le vôtre.

« Vous êtes sans doute à Paris maintenant et je

« suis bien sûre qu'au milieu de ces cercles qui
« vous désirent et que vous embellissez, vous
« trouvez souvent un vide qu'on ne peut espérer
« remplir avec aucun des objets dont on est
« entouré. Il vient un âge où tout ce qui est pas-
« sager et périssable ne satisfait plus; des biens
« qui peuvent être arrachés à chaque moment,
« n'en sont point pour celui qui sait par expé-
« rience qu'on peut les perdre. Quand on voit
« dans son passé tant d'amitiés détruites, tant de
« sentiments à jamais perdus, comment oser ap-
« puyer son avenir sur de semblables bonheurs
« n'est-ce pas se préparer de nouvelles larmes?
« Ah! la tendresse, cette première des jouissances
« de la terre, n'en est une que pour ceux qui sont
« bien sûrs que la mort, loin de la leur ôter, n'est
« que le chemin de la leur faire retrouver pleine,
« entière et sans fin.

« Adieu, madame, adieu; que cette lettre aussi
« soit absolument pour vous seule. Aimez-moi
« toujours et si l'assurance d'être aimée vous est
« douce, songez souvent à la place que vous
« occupez dans mon cœur. Mon amie vous
« remercie de votre souvenir et de votre attache-

‹ ment et me charge de vous exprimer sa bien

‹ sincère affection.

« Ne permettez point, je vous prie, que M. de
Pastoret et M. de l'Étang oublient tout à fait
les *solitaires des Pyrénées,* parlez-leur de nous
quelquefois et parlez-moi de vos enfants. »

Dans l'intervalle, Sophie Cottin avait atténué
auprès de son beau-frère le petit différend qui
aurait pu les diviser. Sa grande affection pour lui
ne pouvait supporter la pensée de lui déplaire.
Elle abandonne donc ce qui semble le froisser et
proteste de son entière confiance. Elle lui concède
qu'elle est une nature enthousiaste et se trompe
parfois, mais ce qu'elle éprouve en ce moment
n'est pas atteint et elle ne peut s'empêcher de parler de nouveau de son cher philosophe, bien
qu'en termes moins exaltés.

« 12 octobre.

« Hé bien, laissons ce sujet, puisque nous ne
« pouvons pas nous entendre, mais laissez-moi
« conserver l'espoir que l'avenir nous réconci-
liera. J'ose croire que, quand vous verrez clair

« dans mes pensées, vous n'y désapprouverez
« rien et que si vous y trouvez quelques erreurs,
« la cause qui les aura produites me les fera par-
« donner. Je. ne suis point dans le paradis ter-
« restre, je ne veux ni vous séduire, ni être
« séduite; je veux tâcher de voir la vérité, vous
« la montrer quand je l'aurai vue et me servir de
« sa lumière pour me guider dans la route de la
« vie et m'y conduire le mieux possible.

« Peut-être ai-je de l'enthousiasme, j'avoue
« même que je serais fâchée de n'en pas avoir.
« Qui pourrait m'en inspirer si ce n'est de hautes
« vertus et de grands talents et surtout quand de
« si beaux dons s'enveloppent dans l'obscurité,
« se cachent dans la retraite et se revêtent d'une
« telle simplicité qu'il faut beaucoup aimer la
« vertu, la sagesse et l'éloquence qu'elles donnent,
« pour aller les chercher sous de pareils dehors.

« J'ai vu ici le faste et l'opulence, j'ai vu, ce
« qui vaut mieux, les descendants de familles
« illustres (1) dont les noms ont survécu glorieu-

(1) Il a été impossible de retrouver les noms de ces
personnes ainsi que celui d'autres dont il est question
plus loin.

« sement à une révolution qui voulait tout abattre.

« J'ai rendu à ces nobles ombres la sorte d'hom-
« mage qui leur est due et je ne dissimulerai pas
« que j'ai été flattée de la distinction avec laquelle
« ils m'ont accueillie. Mais l'amour-propre satis-
« fait ne m'a pas empêchée de voir que, sem-
« bable à un cadre magnifique qui ne renferme-
« rait qu'une petite miniature moderne, ces
« illustres noms n'étaient soutenus d'aucune des
« vertus dignes de les étayer, et qu'une âme com-
« mune sous un souvenir de gloire paraît plus
« commune encore.

« Aussi les grandeurs ne m'ont-elles pas
« éblouie et ce n'est point là ce qui a excité mon
« enthousiasme; mais que sous un nom commun
« j'aie trouvé cette âme noble, grande, magna-
« nime, telle qu'elle devrait être dans le sein
« d'une semblable postérité, voilà où j'ai placé
« mon estime et j'ose croire que mon beau-frère
« ne me blâmera pas. D'ailleurs cette estime, cet
« intérêt que j'avoue hautement et dont je pense
« même devoir m'honorer, ne me retiendra point
« ici, ne m'empêchera pas d'aller retrouver, avec
« une joie sincère, mes anciens, mes plus chers

« amis; ce sera seulement une affection de plus
« qui, s'imprégnant des qualités de celui qui l'a
« inspirée, me donnera un goût plus vif et plus
« épuré pour tout ce qu'il y a de bon et de ver-
« tueux sur la terre.

« Dans les dispositions heureuses où je me
« trouve, il n'y aura jamais de secret pour mon
« frère dans mon cœur. Je me ferai au contraire
« un plaisir de lui donner tous les moyens de
« voir et de juger si l'amitié que j'accorde va au
« delà du mérite de celui qui l'a obtenue, et j'ose
« croire qu'en dépit de ses préventions, de ses
« défiances et de la différence des opinions, il ne
« trouvera pas que sa sœur a eu tort. »

Elle lui écrivait encore le 20 novembre :

« Vous avez raison, André, j'ai des moments
« d'exaltation extraordinaire, sur une pensée qui
« s'accordera avec mes plus chères pensées; je
« me livrerai à l'enthousiasme avec une vivacité
« qu'aucune puissance ne pourra arrêter, mais je
« dois dire aussi que j'ai une sorte de rectitude
« dans l'esprit et une habitude de réflexion, qui
« me rendent bientôt maîtresse de ces premiers
« mouvements et me font apprécier avec justesse

« le vrai mérite de l'objet qui me les a inspirés.

« J'ajouterai encore que mon imagination s'en-
« flamme pour les mystères et que, quand je ne
« vois qu'eux, je peux tout croire, précisément
« parce que je ne vois rien; mais quand vient le
« moment de les éclaircir et que c'est à ma raison
« qu'on s'adresse, il est impossible de la séduire
« et bien difficile de la contenter. Elle renvoie les
« douces et brillantes erreurs au domaine de
« l'imagination et ne se rend qu'à l'évidence.

« On m'explique en ce moment-ci le système
« dont je vous ai tant entretenu, système qui,
« pour être religieux, n'est pas pour cela plus
« chrétien, qui abat au contraire toutes les reli-
« gions révélées, mais dont le but est entière-
« ment conforme à ce que vous exigez : *il éloigne*
« *du mal, attire vers le bien, ennoblit notre être,*
« *offre au présent des consolations et plus que*
« *des espérances à l'avenir.*

« C'est exactement ce qu'il vous faudrait et je
« suis presque sûre que non seulement il vous
« contenterait, mais qu'il vous contenterait plus
« que moi, car, je vous l'avoue, je ne me verrais
« arracher qu'avec douleur mes pensées chré-

« tiennes ; soit qu'elles tiennent ou non à des pré-
« jugés, je les chéris et je voudrais vivre et mou-
« rir avec elles. Je les défends avec obstination
« contre cette nouvelle lumière qui me montre
« bien le même résultat, mais qui ne m'y con-
« duit pas par le même chemin, et c'est ce chemin
« qui m'était doux et que je regretterais lors
« même qu'on en enseignerait un meilleur.

« Aussi, après avoir donné deux heures de ma
« journée à écouter cette nouvelle théologie et à
« peser les raisons qui l'appuient autant que me
« le permet ma très grande ignorance, j'emploie
« deux autres heures à combiner le plan d'un
« ouvrage qui démontre qu'il n'y a que la reli-
« gion chrétienne qui puisse préserver une femme
« des dangers de la séduction.

« Vous conviendrez que ces différentes pen-
« sées doivent être bien étonnées de se trouver
« ensemble dans la même tête ; mais comment les
« en chasser quand les unes paraissent belles,
« simples et convaincantes à mon esprit et que les
« autres trouvent dans mon cœur un défenseur
« qui ne peut se résoudre à les abandonner. En
« attendant, je suis mon cours d'étude avec un

« grand plaisir, parce qu'il est difficile d'écrire
« avec plus de charme sur un pareil sujet et de
« mettre plus d'esprit dans les preuves qui l'ap-
« puient. D'ailleurs, comme le but est louable,
« l'homme plein de talent et les principes excel-
« lents, il ne perdrait rien dans mon estime et
« dans mon amitié, lors même que son système
« serait une erreur. Mais pour de l'enthousiasme,
« je n'en ai plus. Il s'est évanoui du jour où j'ai
« commencé à voir les choses telles qu'elles sont
« et non plus comme je me les figurais.

« Mais, tandis que mes lettres me peignaient à
« vous une femme exaltée *qui rêve des histoires*
« *sur le bord des torrents* et *qui est en prière dans*
« *les cavernes sombres,* les personnes qui me
« voyaient habituellement à Bagnères me pei-
« gnaient comme une femme pleine de raison, de
« sens et de réserve. Elles ne pouvaient même
« assez s'étonner de trouver ces espèces de qua-
« lités-là dans la même femme qui avait fait les
« ouvrages qu'elles avaient lus. Que conclure de
« tout cela, mon frère, et comment arrangez-vous
« tant de contrastes? Hé quoi, vous est-il si dif-
« ficile de joindre un peu de raison à l'imagina-

« tion que vous m'accordez et de croire que la
« première seule me dirige dans les choses
« graves, tandis que je ne suis sous l'empire de
« l'autre que quand je m'amuse à rêver ou à
« écrire? »

Puis, passant à un ordre d'idée plus matériel :

« Hé non, André, je ne vous gronde pas pour
« la maison (1), au contraire. Je ne puis assez vous
« remercier de vous en être saisi en mon nom.
« L'idée qu'il dépend de nous de l'aller habiter
« d'un moment à l'autre, m'adoucit l'ennui de
« l'absence, comme une voiture qui me suit quand
« je me promène, m'empêche de sentir la fatigue,
« mais jamais on ne fut moins décidé dans ses
« projets que nous ne le sommes dans les nôtres.

. . . .

« Mon Dieu, mon frère, que votre amitié me
« fait plaisir, je suis sûre que je ne sais pas moi-
« même à quel point elle m'est chère, mais je puis
« m'en douter pourtant par l'empire que je sens
« qu'elle pourrait avoir sur moi. Si vous me disiez
« et si je pouvais croire qu'une plus longue absence

(1) 124, rue Saint-Lazare.

« peut nuire à votre attachement, je ne resterais
« pas ici, cette seule crainte l'emporterait sur
« toutes mes raisons, car, hors ma cousine et ses
« enfants, je ne connais pas un bien sur la
« terre qui ne me semble fort au-dessous de votre
« amitié.

« Je sens même s'augmenter chaque jour la
« confiance qui m'entraîne vers vous, et ce besoin
« que je ne sentais pas autrefois, donne à cet
« ancien sentiment qui nous unit l'un à l'autre,
« tout le charme d'un sentiment nouveau. Je vous
« aime avec plus d'attrait, et cependant jamais
« vous ne vous êtes plus amusé à ses dépens.
« Expliquez cela si vous pouvez; au reste, expli-
« quez-le comme vous voudrez, peu m'importe;
« je vous permets de rire de mes rêveries, de
« blâmer nos projets, de vous méfier de l'in-
« connu, de douter de tout ce que je vous dis, en
« un mot de faire tout ce qu'il vous plaira, hors
« de soupçonner mon attachement et de m'ôter
« un peu de votre cœur.

« Je vous ai dit, je crois, que je quitterais
« Bagnères sans regret, si je pouvais apporter à
« Paris avec moi la solitude dont je jouis ici, et cette

« solitude est un bien si fort selon mon goût et
« si difficile à trouver! Si je pouvais ne voir que
« vous à la rue Saint-Lazare, comme je prierais
« bien ma cousine de vouloir partir, mais il y a
« là tant de monde qui m'attend que la porte
« est ouverte pour entrer soir et matin... peut-être
« j'exagère, non par vanité, mais par impatience,
« je murmure de ne pas jouir de l'indépendance
« dont on me félicite : je sais bien que je suis
« maîtresse d'aller là ou là, mais le suis-je de n'y
« pas trouver tel ou tel?

« Au reste, laissons ce sujet qui me ferait dire
« des choses que vous n'approuveriez pas, et
« parlons de M. Ramond que nous voyons sou-
« vent et dont ma cousine est enthousiasmée.
« C'est son tour d'être dans les cieux maintenant,
« tout ce que dit M. Ramond est ce qu'il y a de
« mieux dit et de mieux pensé. Il est vrai qu'il
« est impossible d'avoir un esprit plus brillant,
« une conversation plus variée et plus piquante;
« je ne connais pas d'amusement au-dessus de
« l'entendre conter, et il conte pendant deux
« heures de suite sans se fatiguer, mais il est répu-
« blicain, il est incrédule, il l'avoue et s'en vante,

« c'en est assez pour que son esprit, sa science et
« sa réputation ne puissent m'enthousiasmer.

« Je ne prétends point dire que je n'ai jamais
« eu d'enthousiasme que pour des objets dignes
« d'en inspirer, je me suis trompée souvent, mais
« du moins, en me livrant à ce sentiment, je
« croyais n'aimer que ce qui était parfaitement
« bon et beau. Il ne me suffit pas, pour admirer
« une chose, que tout le monde l'admire, il faut
« encore qu'elle me paraisse admirable et elle ne
« peut me paraître telle qu'autant qu'elle réunit
« tout ce qu'il y a de grand, de noble, de géné-
« reux. L'esprit m'amuse plus que personne, mais
« il ne m'enthousiasme jamais. »

Au même.

« Du 27 et 28 novembre.

« Vous voulez donc, mon frère, savoir quel-
« que chose de plus sur ce que vous appelez
« l'évangile des Pyrénées, tout ce que je vous dis
« vous paraît obscur et vous ne voulez croire
« que ce que vous voyez : ceci me surprend peu
« quoique cela ne me ressemble pas du tout,
« car je ne crois vraiment de tout mon cœur

« que ce que je ne comprends pas. Quand
« on présente quelques belles idées à mon ima-
« gination, elle s'enflamme aussitôt, et, pourvu
« qu'au delà on ne lui montre qu'un vague infini
« où elle puisse se perdre à son aise, on peut lui
« faire tout adopter; mais, quand on veut tout
« expliquer à ma raison, alors mon zèle se refroi-
« dit et j'ai beau être convaincue, je ne suis plus
« enchantée. Aussi, il est vraisemblable que
« l'évangile des Pyrénées ne pourra pas l'empor-
« ter dans mon cœur sur les mystères de l'Évan-
« gile du Christ. Mais récapitulons mon histoire
« avec l'inconnu.

« Les premiers jours de mon arrivée à Bagnères,
« je ne pris pas garde à lui. Dans mes premières
« promenades je le crus fou, et je me rappelle
« surtout un jour où, m'étant aventurée avec lui
« dans une prairie très glissante, je tremblais que
« son accès le prît et qu'il ne me jetât au fond
« du précipice. Peu à peu, les choses bizarres
« qu'il m'avait dites et qui avaient fait naître cette
« crainte s'étant liées à d'autres idées, je ne les
« trouvai plus qu'extraordinaires et, enfin, elles
« me parurent grandes et belles.

« Mon apôtre avait commencé par me dire qu'il
« n'admettait aucune révélation; mais il avait
« ajouté qu'il me prouverait d'une manière si
« positive, si irrécusable, et l'existence de Dieu
« et l'immortalité de l'âme, que de tels biens
« pourraient me consoler de ce qu'il m'ôtait, et
« ces preuves, me disait-il, ne tiennent pas seule-
« ment à celles du sentiment qui sont écrites
« dans l'âme de tous les hommes, mais à une
« découverte qui explique, en faveur de mon sys-
« tème, tous les faits sur lesquels les savants
« d'aujourd'hui ont établi leur profession
« d'athéisme. Je dois cette grande idée à une
« observation constante, longue, de la nature, et
« elle est d'une telle clarté, d'une telle simplicité,
« que, telle ignorante que vous puissiez être dans
« les sciences, vous la comprendrez sur-le-
« champ.

« Vous concédez, André, qu'aussitôt je fus
« dévorée du désir de recevoir la communica-
« tion de cette idée, mais mon inconnu ne vou-
« lait pas la donner; il craignait que je ne la
« répandisse avant qu'il eût achevé la rédaction
« de l'ouvrage dont elle fait la base, et que mon

« indiscrétion ne lui enlevât le fruit ou la gloire
« de ses recherches. Si une telle idée tombait
« dans la tête d'un homme instruit, me disait-il,
« il en serait frappé, il s'en emparerait, et j'avoue
« que mon amour-propre souffrirait de ne pas
« jouir de ce que j'ai trouvé ; je redoute la vivacité
« de votre tête, je m'ouvrirais avec plus de con-
« fiance à une personne plus froide.

« Mais il ne me disait pas le secret de son sys-
« tème, il me lisait souvent des morceaux où il
« démontrait l'immortalité de l'âme par les seules
« preuves du sentiment, et ces morceaux étaient
« écrits avec tant de chaleur, de force et d'élo-
« quence, qu'ils excitaient mon enthousiasme et
« me faisaient adopter aveuglément la partie que
« je ne connaissais pas... Hélas ! j'étais née pour les
« religions de foi et d'amour, et non pour celles
« de clarté et de raison ; je viens d'en faire l'ex-
« périence et je continue mon histoire.

« Depuis quinze jours, soit que mon solitaire
« ait appris à mieux me connaître et qu'il ait vu
« que, quel que soit le penchant de mon carac-
« tère à l'exaltation, il ne manque pourtant
« pas de sang-froid et de constance, soit plutôt

« que notre détermination de passer l'hiver à
« Bagnères lui ait ôté la crainte de voir son secret
« s'échapper, il a consenti à me le dire, mais il ne
« l'a dit qu'à moi, et ma cousine ne le connaît pas.

« Hé bien, où en êtes-vous, à présent que
« vous savez tout, allez-vous me demander où
« j'en suis? Je suis toute surprise que la confir-
« mation de ce que j'attendais m'ait laissé tant de
« froideur; il m'a tenu tout ce qu'il m'avait pro-
« mis et je sens malgré moi que ce qu'on touche,
« que ce qu'on explique, que ce dont on est sûr,
« a un caractère de sécheresse et d'aridité qui me
« fait tomber dans la langueur. Cependant sa pre-
« mière idée, ou ce qu'il appelle sa découverte, a
« quelque chose d'une frappante beauté; il y a
« dans cette pensée mère une simplicité, une
« grandeur, une immensité qui ravit et transporte,
« mais il me semble qu'elle explique si bien tous
« les phénomènes de la nature que cela devient
« ennuyeux parce qu'on n'a plus rien à chercher.

« Quant à son application aux idées métaphy-
« siques et morales, je n'en suis pas aussi satis-
« faite, quoique je n'aie rien à y opposer et que,
« de raisonnement en raisonnement, il m'ait

« menée au résultat sans que j'aie eu un seul
« mot à dire. Néanmoins je ne suis pas persua-
« dée; je trouve que j'ai tort, je devrais l'être, je
« suis sûre que vous le seriez à ma place, mais,
« je vous le répète, là où il n'y a pas de mys-
« tères incompréhensibles, il me manque quelque
« chose. Cet amour immense qu'inspire un Dieu
« qui s'est fait homme pour sauver les hommes
« tient une telle place dans le cœur, que, quelque
« chose qu'on mette à sa place, il est impossible
« de ne pas sentir du vide.

« Je crois donc que je resterai chrétienne, mais
« je crois bien plus encore que l'évangile des
« Pyrénées deviendra le vôtre; il me semble
« qu'il a tous les caractères qui conviennent à un
« esprit juste et raisonnable, à une tête sage, à
« un cœur sensible et bon, enfin à tout ce qui
« vous compose. Voilà ce qui me paraît aussi
« évident que le système, l'avenir m'apprendra
« si j'ai mal vu. »

Ainsi donc, cette ardente imaginative voulait le
champ libre pour déployer les ailes de sa rêverie
et de son enthousiasme. A sa nature généreuse
toujours prête à s'élancer plus loin, la certitude

paraissait un mur contre lequel venait se briser son imagination avec l'impossibilité d'aller au delà plonger dans le mystère. La foi chrétienne, ses grandes vérités admises, lui permettait ces envolées, tandis que le froid système, ce cours forcé des choses aboutissant à un résultat pour ainsi dire mathématique, la glaçait par sa précision. Son cœur chaud, vibrant à toutes les beautés, s'enflammait à celle des pensées montées au cerveau du philosophe, mais, dans cet amour naissant, elle ne se rendait pas compte de la part faite à l'homme lui-même, bien qu'elle l'ait représenté comme peu séduisant.

Elle continue sa lettre sur des sujets moins philosophiques :

« Aujourd'hui 28 novembre, le temps était
« d'une si parfaite beauté, le soleil brillait de
« tant d'éclat, que la chaleur a presque nui au
« plaisir de notre promenade, et pourtant nous
« en avons eu beaucoup : comment voulez-vous
« que je cesse d'admirer une nature qui ne cesse
« de varier sa parure et sa magnificence? Je vous
« ai parlé des beautés du mois d'août, mais celles
« de ce temps-ci n'y ressemblent point et les

« valent. Qu'y a-t-il de plus enchanteur que cette
« vallée de Campan, dont les prairies distribuées
« en amphithéâtres de collines, les unes au-dessus
« des autres, présentent la verdure la plus bril-
« lante et sont couronnées maintenant de bandes
« de neige d'une éclatante blancheur. Le con-
« traste de ces deux couleurs a un charme
« inconnu dans la plaine, où tout est toujours ou
« également vert ou également blanc. Ce pays
« n'a donc point perdu ses charmes, seulement il
« en a changé, ce qui vaut peut-être mieux que
« d'avoir gardé les mêmes, et cependant, André, je
« vous l'avoue, mon cœur soupire souvent, bien
« souvent, d'être à deux cents lieues de mes amis.
« Je commence à trouver que des montagnes,
« quelque belles qu'elles soient, ne remplacent pas
« la moindre personne qu'on aime, et ces mois
« de décembre, de janvier, de février, qui vont
« rendre les routes impraticables et ôter tout
« moyen de se mettre en chemin, vont me pa-
« raître plus longs à eux trois que le reste de
« l'année. Malgré cela nous persistons toujours
« dans nos projets, nous les trouvons toujours
« de plus en plus raisonnables.

« Je veux vous donner quelques détails sur
« notre habitation et sur la manière dont nous
« passons notre temps. Notre appartement est le
« plus commode du monde : d'un côté de l'es-
« calier au premier, est un salon très grand et
« très bien meublé, où les enfants font leurs
« études; deux portes sont au fond, de l'une on
« va dans la chambre de Julie qui est presque
« élégante, de l'autre dans celle des enfants, ajou-
« tez à cela beaucoup d'armoires et de dégage-
« ments. De l'autre côté du palier, on entre dans
« un salon à manger avec une alcôve où couche
« Suzanne, et au delà est ma chambre avec un
« grand cabinet en face des montagnes et don-
« nant sur une jolie place.

« Je me lève le matin de très bonne heure;
« jusqu'à l'heure du déjeuner je me mets à
« écrire; à neuf heures on m'annonce que le café
« est prêt, les enfants arrivent, Julie un peu plus
« tard, enfin tout se réunit. Après le repas, l'heure
« des leçons sonne, j'en donne d'anglais et de
« musique, Julie de plus utiles encore; elles
« durent jusqu'au dîner, excepté quand le soleil
« vient au nom de ses brillants rayons nous con-

« jurer de les interrompre pour aller le voir de
« plus près; il est vrai que nous n'obéissons pas
« à ses douces prières. Après le dîner, Julie coud,
« tricote, raccommode, lit avec ses enfants, moi
« j'écris jusqu'à sept heures et demie. Alors je
« reviens dans le salon, je trouve le solitaire des
« Pyrénées donnant des leçons de grammaire
« à Delphine et le professeur d'arithmétique à
« Éliza.

« Ce professeur est un jeune Américain dont
« la mère est fixée à Tonneins, sa famille est très
« estimable et il a beaucoup de mérite, surtout
« une instruction singulière pour son âge. Il
« n'est personne qui ne soit étonné de sa pro-
« fonde science; son seul motif pour passer l'hi-
« ver ici, loin de sa sœur, sa mère et de toute sa
« famille, a été un enthousiasme poussé jusqu'au
« délire pour le système de l'apôtre et pour
« l'apôtre lui-même, car son caractère froid et
« tranquille n'a pas pu le mettre à l'abri du
« transport qu'inspire la vue d'une vérité aussi
« claire que consolante.

« Notre cercle s'augmente encore d'un Bagné-
« rais, émigré rentré, intime ami de feu Rivarol,

« homme plein d'esprit mais un peu lourd, plein
« de bonté et d'honneur, mais hâbleur et con-
« tent de lui-même comme tous les Gascons.
« Quelquefois, M. Ramond vient jeter par tor-
« rents tout le brillant de son esprit dans notre
« modeste salon, alors chacun se tait, on écoute
« et on ne s'en lasse pas. A huit heures com-
« mence la musique. Delphine se met au piano,
« notre solitaire l'accompagne et l'accompagne
« très bien. Il fait chanter le *Stabat* de Pergolèse
« à Éliza, il met mon opéra en musique, il chante
« de tête en s'accompagnant sur son alto et fait
« une harmonie charmante. Enfin, à neuf heures
« on soupe et avant onze heures chacun est dans
« son lit. Le samedi soir est un jour de fête : de
« jeunes demoiselles de Bagnères se réunissent
« avec nos filles pour danser, faire de la musique
« et goûter, mais hors ces jours-là nous sommes
« bornées à la société dont je vous ai parlé plus
« haut.

    « Cette vie douce, monotone et solitaire serait
« la plus selon mon goût, si ma pensée ne mesu-
« rait pas sans cesse l'immense distance qui
« sépare Bagnères de Paris, si vous n'étiez pas

« rue Saint-Lazare, si Mathilde n'était pas à Ver-
« sailles, enfin si ce que nous aimons le plus
« chèrement était auprès de nous, mais cela de
« moins gâte tout et c'est bien alors qu'en dépit
« des montagnes, de la beauté des eaux et de la
« solitude, il faut un effort de raison pour rester
« ici. Mais cet effort, André, nous le ferons,
« quoiqu'il en coûte à notre cœur; votre lettre
« d'aujourd'hui, toute tendre qu'elle est, nous a
« encore plus décidées à le faire.

« Julie a été bien touchée que sa paresse ne
« vous ait pas empêché de lui écrire; elle a
« balancé un moment si elle vous répondrait ou
« si elle se mettrait dans son lit, et puisque celui-
« ci l'a emporté, il fallait qu'elle souffrît beau-
« coup, mais elle compte bien se livrer après-
« demain à ce que toute son amitié lui demande
« de vous dire.

« Vous voulez savoir où je me promène; en
« Palestine, ce ne sont point les Pyrénées qui
« m'inspirent, ce sont les Croisades et les grands
« intérêts de la chrétienté; nous verrons, lorsque
« l'ouvrage sera arrivé au dénouement, ce qui ne
« pourra être que ce printemps, à quelles mains

« nous le livrerons et quelles précautions nous
« prendrons pour que le libraire que nous choi-
« sirons ne nous joue pas le même tour que le
« dernier.

« Mais je crois qu'en voilà assez, vous voyez
« que je n'écris pas toujours qu'en courant et
« que, quand je m'adresse à un ami qui m'est
« aussi cher que mon frère, je suis disposée
« à ne jamais m'arrêter parce que toutes mes
« pensées aiment à se montrer à lui. Adieu
« André, embrassez bien votre sœur et votre
« mère. »

Voici, en fragment, un paysage de neige plein
de poésie, adressé sans doute au même correspondant le 25 décembre 1803.

« Nous avons une température si belle qu'on
« est chaque jour plus charmé et plus surpris.
« Aujourd'hui, jour de Noël, je vous écris auprès
« de ma fenêtre ouverte, sans feu dans ma
« chambre et respirant avec délices l'air le plus
« doux et le plus embaumé, et ce que je fais en
« ce moment, je le fais tous les jours; dès sept
« heures du matin je suis levée, j'ouvre ma croi-
« sée en face de l'aurore et je travaille en la

« regardant jusqu'au déjeuner. Nous n'avons eu
« que cinq jours de froid et de neige, et je suis
« bien loin de me plaindre d'eux, car je leur ai
« dû la vue et le souvenir du plus magnifique
« spectacle que la nature âpre et sauvage puisse
« offrir aux regards humains.

« Représentez-vous des masses énormes, cou-
« vertes de la base au sommet d'une neige écla-
« tante de blancheur dans la vallée, brune et
« sombre dans les cavités, et sur les pics exposés
« au soleil transparente d'or et d'azur. Plus de
« fleurs, il est vrai, au bord des ruisseaux, mais
« des cristaux de toutes les formes et de toutes
« les grandeurs, taillés en facettes, en girandoles,
« en globes, en éventails et brillants de toutes les
« couleurs du prisme, et au milieu de ce calme
« universel, entendez-vous cette eau qui court
« toujours avec le même bruit et d'un mouve-
« ment si rapide que le froid ne peut la saisir et
« la frapper de mort comme l'eau de nos plaines.
« Mais voici que tout à coup le soleil s'est armé
« de rayons plus ardents, la neige se précipite en
« masse liquide, va grossir le fleuve et découvre
« à nos yeux l'éclatante verdure des prairies et

« les marguerites émaillées qui commencent à
« poindre de tous côtés.

« On se hâte d'aller respirer l'air, et une vieille
« habitude d'hiver nous fait choisir l'heure de
« midi; la chaleur est accablante, on cherche
« l'ombre, il n'y en a point, on étouffe, on boit
« de l'eau des fontaines pour se rafraîchir et il
« nous semble que le mois de décembre, tout
« surpris de l'espèce de reproche qu'on lui fait,
« devrait être tenté de dire au mois de juin :
« Mon frère n'est-ce pas de toi qu'on parle?... »

Pendant ce temps-là, Mme de Pastoret, qui avait
sans doute montré quelque sympathie lors de la
première demi-confidence qui lui avait été faite,
n'écrivait plus. Soit qu'à la réflexion elle se méfiât
de cette aventure romanesque, soit que Mme Verdier, sachant son influence sur leur amie commune, lui eût demandé de ne pas l'encourager
dans une voie qu'elle avait plusieurs raisons de
redouter, le mois de mars arriva sans que la marquise ait poursuivi la correspondance. Mais les
choses avaient marché, l'accord s'était fait entre
l'enthousiaste et son philosophe. Cette fois c'est
bien l'explosion, le lyrisme de l'amour, toujours

pareil chez les cœurs tendres qui ne trouvent pas
de mots pour exprimer leur ivresse. L'attribuant
aux mérites extraordinaires de l'être adoré, ils
s'abîment devant lui en prononçant le *non sum
dignus* de la communion divine.

Le 25, Mme Cottin lui écrivait :

« Je voudrais bien croire, madame, que votre
« silence n'est ni une preuve d'oubli, ni une
« marque que mes lettres vous fatiguent, et que
« par conséquent je ne suis pas indiscrète en
« cédant au plaisir qui m'entraîne vers vous. En
« attendant que vous m'en donniez l'assurance,
« je fais tout comme si je l'avais et je reviens a
« vous avec cette confiance que doit donner un
« attachement tel que celui que vous m'inspirez.
« Il me semble que j'apprécie trop bien tout ce
« que vous êtes pour que vous n'aimiez pas un
« peu une personne qui sait aussi bien vous con-
« naître, et je ne puis me persuader que ma pen-
« sée vous soit devenue tout à fait étrangère.
« Quoique je comprenne pourtant que les nom-
« breuses distractions de Paris ne vous laissent
« pas un moment de loisirs, laissez-moi l'espé-
« rance que vous me reverrez avec plaisir et que

« vous écouterez avec intérêt quelques détails
« sur ma vie.

« Ah! madame, qu'elle est douce et que je suis
« heureuse; je vous avoue que je suis si peu
« accoutumée au son de ces mots-là, que, quand
« je les prononce, je me demande souvent si
« c'est bien moi qui parle, mais mon cœur les
« confirme et la ravissante paix où je passe tous
« mes instants les confirme plus encore. Je ne
« sais quelle Providence m'a amenée au fond des
« Pyrénées, m'y a fait passer un hiver entier
« dans la plus profonde solitude, mais assuré-
« ment il y a du ciel dans cette Providence-là.

« Quel fond de bonheur on porte en soi
« quand on sait le découvrir et s'y plaire! Que
« de trésors découlent de la seule pensée, pen-
« sée grave, élevée qu'on est si fier d'avoir pu
« atteindre, qui développe tant d'amour et qui
« lui donne un si noble objet : non, je ne pour-
« rais vous dépeindre l'état intérieur où je me
« trouve, l'expression en passe mes moyens et je
« ne puis que répéter : *je suis heureuse.*

« Mais quel plus bel hymne pourrai-je adres-
« ser à celui qui m'a guidée vers cette route si

« riche en bonheur et en vertu. Mon Dieu,
« madame, je n'oserais guère parler sur ce ton à
« d'autres que vous; une âme honnête et pure
« doit me comprendre, mais peut seule me com-
« prendre, voilà pourquoi j'avais tant besoin de
« vous parler et pourquoi je ne veux parler qu'à
« vous. Je ne suis point en proie à une excitation
« dangereuse; cet état, qui n'était que l'explosion
« d'un moment, a bientôt atteint son terme; mais
« c'est depuis huit mois que la persuasion a
« commencé et que chaque jour la confirme. Elle
« a résisté au tumulte du monde pendant la sai-
« son, elle s'est enracinée d'une manière invi-
« sible pendant la longue solitude de l'hiver, et
« maintenant je renais pour ainsi dire avec le
« printemps à une vie nouvelle où je ne vois
« que bienfait et jouissance autour de moi.

« Ne croyez point, madame, que je vous entre-
« tiendrais si longtemps de ce qui me touche, si
« je n'espérais que cela ne dût vous toucher un
« jour. C'est là un des besoins que j'éprouve, je
« l'avoue, et ce n'est que dans la communication
« des biens que j'ai vécus, que j'en pourrai trou-
« ver le complément.

« Mais quels sont donc ces biens? allez-vous
« demander. Ce qu'ils sont, madame? une de ces
« choses dont on parle sans cesse sans les sentir,
« des idées religieuses non point vagues, indé-
« terminées, mais tenant autant de place dans
« l'âme et y ayant autant d'empire que la plus
« forte passion; que dis-je, elles en ont bien
« plus, car le sentiment d'une passion emporte
« avec lui le sentiment de sa fin, au lieu que le
« sentiment de la piété ne prévoit d'autre terme
« que cette éternité qui n'en a point.

« Aussi, comme tout ce qui est durable, la
« piété a quelque chose de paisible et de pur
« qui tend toujours à calmer, à tempérer, à éloi-
« gner tout ce qui est agitation et murmure. Mais
« comme elle descend d'un lieu où tout est
« amour, elle a quelque chose d'ardent et de vif,
« qui, loin d'affaiblir la sensibilité, lui donne le
« plus d'extension possible en faisant trouver
« comme une sorte de gloire dans les objets
« qu'elle fait aimer.

« Ah! madame, il est si doux, je puis même
« dire si honorable de sentir son cœur déborder
« de tendres affections et d'oser montrer son

« cœur à tout le monde! Si je crains de dire ce
« que j'éprouve, c'est que je crains de le mal
« dire, car si j'étais sûre de pouvoir exprimer
« avec justesse un bonheur entièrement fondé
« sur l'austère exécution du plus rigoureux des
« devoirs et sur l'éternelle récompense qui doit
« en être le prix, si j'étais sûre de pouvoir expri-
« mer avec plus de justesse encore ce que la
« reconnaissance et l'admiration permettent d'ap-
« porter de vivacité dans les sentiments qu'ins-
« pire l'homme qui montre de telles vérités d'une
« manière si claire, si évidente, si belle, qu'on ne
« les a jamais vues ainsi avant lui, assurément
« j'oserais parler et, s'il était permis de mettre de
« l'orgueil en quelque chose, c'est là que je met-
« trais le mien.

« Je ne prétends point dire que ces disposi-
« tions de piété rendent à jamais inaccessibles
« aux mauvaises pensées, mais j'affirme que les
« autres n'arrivent que quand celles-ci ont changé
« et pourquoi changeraient-elles? qui peut s'éle-
« ver au-dessus et par quoi seraient-elles rem-
« placées?

« Qu'est-ce que les passions, même dans les

« plus doux moments, peuvent offrir de plus
« doux que la piété? En mettant de côté leurs
« douleurs et leurs remords, en ne s'attachant
« qu'à leur félicité, celle qu'elles donnent est-elle
« jamais pure, peut-on s'en honorer, se nourrit-
« elle de la satisfaction de soi-même et de l'es-
« poir d'une récompense? Est-ce, quand on rou-
« git de son bonheur devant le ciel et devant les
« hommes, qu'on peut parler de bonheur? Ah!
« madame, ce n'est que quand on peut appeler
« Dieu dans son âme, qu'on aime à l'y trouver
« et à le prendre pour témoin du bien qu'on
« goûte, qu'on goûte de véritables biens.

« Mais en voilà assez, ce n'est pas à moi qu'il
« appartient d'expliquer par quel chemin je suis
« arrivée aux pensées qui m'occupent, celui-là
« seul qui m'en a pénétrée a le droit et le talent
« de les dire.

« Et mon amie partage-t-elle les mêmes sen-
« timents que moi, n'êtes-vous pas curieuse de
« le savoir? En vérité, madame, je serais presque
« tentée de croire que c'est ici le pays des miracles
« et que la Providence en réservait un à ma cou-
« sine, pour la conduire au même but que moi.

« Figurez-vous au milieu des montagnes d'une
« prodigieuse hauteur, une vallée sombre et sau-
« vage, un désert sans cabane, sans abri, un che-
« min étroit, un précipice affreux et au déclin du
« jour, loin de tout secours humain, Delphine
« croulant avec son cheval au fond de cet
« effroyable abîme. Voilà le spectacle qui a
« frappé les yeux de cette mère, elle a vu sa fille
« morte, écrasée, elle a senti le coup dans son
« cœur, mais Dieu était là, et comme il peut faire
« plus que l'homme ne peut comprendre, il a
« sauvé l'enfant et la mère s'est donnée à lui.

« Ma cousine se porte à merveille, madame, il
« n'est plus question de douleurs, de souffrances,
« j'ai presque oublié d'être inquiète. Nous avons
« eu un hiver qui n'a guère été autre chose qu'un
« printemps mêlé de quelques jours d'été; deux
« ou trois de neige et de glace nous ont été accor-
« dés cependant, afin de nous montrer ce que la
« réunion du terrible et du majestueux peut
« offrir de sublime à l'imagination.

« Nos jeunes filles ne se sont point plaintes
« de leur solitude, elles ne se sont guère moins
« amusées et ont mieux employé leur temps. Je

« me plais à croire que vous serez contente
« d'elles. Delphine est devenue charmante, si je
« ne suis pas sous le pouvoir de l'illusion mater-
« nelle. J'espère que vous lui trouverez de la
« dignité, de la douceur, de la grâce dans le
« maintien et dans le caractère, un heureux mé-
« lange d'innocence et de gaieté, de vivacité et
« de douceur. Éliza est la bonté, la franchise
« même. Il est impossible d'avoir plus de droi-
« ture et de savoir mieux aimer.

« Ce n'est qu'à mon retour que je pourrai
« vous parler de votre petite favorite Mathilde :
« j'espère bien ne pas me tromper quand je dis
« que je vous en parlerai, ne viendrez-vous pas
« à Champlan, madame, nous dire que vous êtes
« bien aise de nous revoir? J'ai bien besoin de
« cette promesse pour me dédommager de votre
« silence.

« Mais, à propos, je me souviens que j'avais
« commencé ma lettre avec la crainte de vous
« fatiguer, ne trouvez-vous pas que je l'ai trop
« oublié et qu'il est temps de mettre des bornes à
« ma confiance; mais je n'en puis mettre à mon
« attachement et j'ose croire que vous ne me le

« reprocherez pas. Veuillez recevoir les tendres
« amitiés de ma cousine et présenter notre sou-
« venir et nos compliments à M. de l'Étang et à
« M. de Pastoret. »

La marquise dut penser que l'élève était si bien
sous l'influence du maître, qu'elle en prenait jusqu'au ton dogmatique, aggravant ainsi son propre
penchant à la dissertation. Elle dut exprimer dans
sa réponse quelques doutes sur l'avantage d'une
piété exclusive, ennemie des sentiments humains,
car Mme Cottin lui renvoya promptement une
véritable prédication.

« 14 avril 1804.

« Non, madame, jamais la véritable piété n'a
« relâché les liens de l'affection, au contraire
« quand ils sont purs, légitimes, elle les resserre,
« les embellit de sa douce influence, anime le
« sentiment et ne détruit que les passions. Dieu,
« en nous entourant de tant de nœuds, en nous
« imposant tant de devoirs, voulut que sa pensée
« nous les rendît plus chers, qu'elle en augmen-
« tât le goût et le plaisir, et c'est pourquoi il fit
« de sa pensée le premier de nos devoirs.

« Ce n'est point assurément en élevant son
« âme vers la source de toute sagesse et de tout
« amour, qu'elle se refroidit et se concentre en
« elle-même, elle y va puiser plus de moyens
« d'aimer et redescend les exercer avec délices
« sur la terre. Non seulement il nous est permis,
« mais il nous est recommandé de chérir nos
« parents, nos amis, nos enfants; vous croyiez
« que ce n'était qu'un plaisir, c'est encore un
« devoir et voyez comme nos sentiments doivent
« devenir et plus doux et plus vifs, quand nous
« trouvons en eux avec la cause de notre bonheur
« un moyen de plaire à l'Être Tout-Puissant qui
« nous a tant donné. La piété n'est point soli-
« taire, madame, elle ne détache point de l'ami-
« tié, au contraire, elle remplit de tels biens le
« cœur qui la reçoit, qu'il a besoin de les ré-
« pandre dans le cœur des autres et de les com-
« muniquer pour en reconnaître toutes les dou-
« ceurs.

« Si mon amie n'avait point partagé mes idées
« religieuses, je ne m'y serais point livrée, dites-
« vous? Ah! madame, davantage encore s'il était
« possible, j'en aurais cherché le bien et l'utilité

« pour les lui démontrer; plus je me serais assu-
« rée que le bonheur était là, plus je m'y serais
« attachée pour la forcer à me suivre et à le
« trouver aussi; et les occupations que je pour-
« suis encore, peut-être les aurais-je abandonnées
« pour me livrer à la seule occupation de la con-
« vaincre. Madame, ne serait-ce pas une bien
« faible amitié que celle qui, trouvant plus facile
« de partager les erreurs de ses amis que de
« s'efforcer de les ramener à la vérité, se laisse-
« rait aller avec eux dans le torrent du monde
« sans guide et sans appui, tandis qu'avec un
« peu de force elle aurait pu leur en fournir un?

« Supposez-moi perdue dans un désert, avec
« la personne qui m'est la plus chère, voici que
« tout à coup j'ai trouvé le chemin qui ramène *à
« ses foyers*. J'y entre, elle ne me voit pas et ne
« me suit point, que faut-il faire alors? Revenir
« sur mes pas et continuer à m'égarer avec elle.
« Non... Non, madame, car ce n'est pas moi seule
« que je perdrais, c'est encore elle que je perdrais
« avec moi, et peut-être je puis la sauver et peut-
« être en l'appelant toujours m'entendra-t-elle, et
« si ma vie entière n'a pas suffi pour l'entraîner,

« je mourrai en disant encore j'espère, car je sais
« que les voix qui s'élèvent du fond des tombeaux
« sont souvent celles qui persuadent le mieux.

« Ah! madame, pour une telle constance, il
« faut beaucoup aimer sans doute, mais je crois
« que la religion seule apprend à aimer à ce
« point; elle met dans le cœur des sentiments que
« rien n'ébranle, que rien ne rebute et qui croient
« tout possible comme tout permis à leur zèle.
« Ce que m'apprend, ce que me révèle le Dieu
« que j'adore, c'est que la plupart des torts qu'on
« a, des peines qu'on éprouve, viennent de ce
« qu'on ne sait pas assez aimer. Quelle est la
« cause de l'inconstance, de l'artifice, de l'ingrati-
« tude, de la médisance, n'est-ce pas qu'on ne
« songe qu'à soi, qu'à sa satisfaction, et que les
« intérêts des autres ont été comptés pour rien?
« Et les passions qui égarent, qui jettent tant de
« trouble dans le monde et de désordre dans la
« famille, ces passions funestes qu'on excuse tou-
« jours parce que chacun a un intérêt à les excu-
« ser, entraîneraient-elles jamais, si on savait bien
« aimer Dieu d'abord, et ensuite les objets qu'il
« nous permet d'aimer?

« Quelle mère, devant le berceau de son
« enfant, à la vue de cette innocence qui lui
« demande tant d'amour, aura non seulement le
« courage mais le désir de retirer de son cœur
« cet objet pour le livrer à un autre? Je suis sûre
« qu'à ce moment où une mère fait une faute,
« elle a oublié ses enfants; s'ils avaient toujours
« été présents à sa tendresse, elle n'aurait pas
« cessé d'être vertueuse. Ah! que n'a-t-elle tou-
« jours porté vers une affection dont elle pouvait
« s'honorer, cette vivacité qu'elle a placée sur une
« affection dont elle rougit! sa conscience serait
« en paix et son cœur serait bien plus rempli, car
« les sentiments honnêtes sont plus profonds et
« plus tendres que les autres, et ce n'est qu'à la
« vertu qu'il appartient d'être l'objet qui déve-
« loppe le plus d'amour et que nous pouvons le
« plus aimer.

« Ce que je dis d'une mère, madame, je le dis
« d'une épouse, d'une fille, d'une amie; il n'est
« personne qui n'ait autour de soi des liens légi-
« times; en leur abandonnant tout son cœur, il
« reste là parce que les passions, ne le trouvant
« jamais vide et désoccupé, ne trouvent jamais le

« moment de s'y placer. Mais, dira-t-on, ces liens
« légitimes ne sont pas toujours assez doux pour
« suffire, ceux qui en sont les objets ne con-
« viennent pas à nos goûts, nos caractères dif-
« fèrent et nos cœurs ne s'entendent pas.

« Mon Dieu, madame, que tous ces reproches
« disparaîtraient si l'on savait aimer davantage;
« si l'on calculait moins ce qu'on donne que ce
« que l'on reçoit, si ce qui nous arrange, ce qui
« nous plaît, n'était pas notre première loi, si
« nous savions trouver notre bonheur dans celui
« de nos amis, ou goûter plus de plaisir encore
« à les aimer qu'à en être aimées. Mais comme
« nous voulons être aimées, madame, avec
« quelle ardeur nous le voulons! Comme c'est
« bien là ce qui nous perd et l'arme dont l'ima-
« gination se sert avec le plus de succès pour
« nous tromper et nous séduire!

« Mais ce désir, madame, est un peu celui de
« la personnalité; l'orgueil nous dit : sois aimé;
« la tendresse nous dit : aime; celui qui aime se
« contente du sentiment qu'il éprouve, des pen-
« chants qu'il sacrifie, du bien qu'il fait, des heu-
« reux dont il s'entoure; toutes ses satisfactions

« sont hors de lui, elles sont vastes et infinies
« comme l'univers; tandis que celui qui veut être
« aimé, rapportant tout à lui, resserre ses satisfac-
« tions dans l'étroite limite de lui-même.

« Mais qu'arrive-t-il, c'est que le cœur géné-
« reux qui se livre sans calcul, répandant plus de
« bien, attire davantage et finit par être le plus
« aimé, tant il est vrai que le bonheur se trouve
« toujours placé sur la meilleure route.

« Mais ces mouvements généreux, madame,
« il n'y a guère que la piété qui les donne, ce
« n'est qu'en trempant pour ainsi dire son âme
« dans l'amour de Dieu qu'on peut se livrer
« sans crainte à celui qu'inspirent les créatures,
« parce qu'alors la pureté l'accompagne et en
« contient non la vivacité mais les écarts.

« Je ne sais, madame, si j'ai calmé vos tou-
« chantes inquiétudes et si je vous ai persuadée
« que la religion, loin d'isoler de nos liens, nous
« y attache plus étroitement; elle n'est point soli-
« taire mais communicative; elle ne se retire point,
« elle appelle; elle n'absorbe point en soi, elle se
« répand au dehors; enfin elle ne brise que les
« affections vicieuses et fortifie toutes les autres.

« Sans doute, madame, je vous parlerai de cet
« ami si estimable, si cher, si révéré, à qui je dois
« tous mes biens, j'espère vous le faire connaître,
« vous le faire aimer. Sans doute la Providence
« m'a envoyée auprès de lui, au moment où
« j'étais le plus disposée à l'entendre, et peut-être
« dois-je autant de reconnaissance à la Provi-
« dence qu'à lui; aussi j'aime à les confondre
« ensemble, à recevoir leurs bienfaits comme
« venant également du ciel et à les réunir dans
« mon cœur pour les aimer de la même ten-
« dresse.

« Vous avez bien raison dans ce que vous
« dites sur Delphine, madame, mais comment
« atteindre au but que vous montrez, autrement
« qu'avec la religion : elle fait mieux encore, car
« elle élève l'âme, contient des espérances et ne
« les trompe pas. En mettant sa vie sous cet
« arbre sacré, Delphine en recevra tous les biens
« avec reconnaissance, et ils seront doublés;
« toutes les infortunes avec reconnaissance
« encore, car sans le malheur il n'y aurait point
« de vertu et sans les vertus point de récom-
« pense; elle saura bien qu'elle se prépare pour

« la fête du ciel, mais elle saura aussi qu'on n'y
« arrive qu'après avoir voyagé et bien voyagé sur
« la terre.

« Si ma lettre n'était déjà pas si longue,
« madame, je vous parlerais un peu du beau
« pays que nous habitons, du charme qu'on
« éprouve à le parcourir, des belles et hautes
« collines de Campan où on rencontre des
« mœurs si pastorales et de si charmantes prai-
« ries, mais un mot sur tant de beautés me mène-
« rait trop loin. J'aime mieux vous dire combien
« je suis touchée de l'amitié que vous me témoi-
« gnez, combien je la partage et avec quel plaisir
« je vois arriver le moment où ce ne sont plus
« mes lettres qui vous le diront. Nous serons
« sans doute de retour dans le courant de l'été, et
« j'espère bien qu'il ne se passera pas tout entier
« sans que j'aie le plaisir de vous embrasser.

« Ma cousine me charge de vous dire combien
« votre souvenir lui est cher, et comme elle sera
« de moitié dans l'impatience que je mettrai à
« vous appeler à Champlan. »

Dans cette lettre un peu longue en effet, il y a
un passage admirable, c'est celui où Mme Cottin

est tout elle-même en parlant du bonheur de l'amour dans l'abnégation, le sacrifice de sa personnalité à celle de l'être aimé, l'amour en un mot, dépouillé d'égoïsme et combien y en a-t-il peu? On voit là l'ardeur généreuse de ce cœur qui « préfère aimer à être aimé ». On se demande souvent lequel des deux donne le plus de bonheur, elle résout cette question selon sa nature adorante. Cependant, ce désir ardent et timide à la fois de la réciprocité qui est au fond de tout amour véritable lui fait croire, au moins espérer, que celui qui aime avec cet entier dévouement « finit par être le plus aimé ». S'il n'en est pas toujours ainsi, malgré sa touchante assurance, tout au moins peut-on dire qu'il a la part la plus élevée. C'était celle d'Aïssé, celle de Mlle de Lespinasse, d'Adrienne Lecouvreur, de toutes les grandes amoureuses qui ont laissé le souvenir de femmes passionnées, perdues dans celui qu'elles aimaient.

Malheureusement, Mme Cottin retombe dans les formules d'Azaïs : « le bonheur se trouve toujours placé au bout de la meilleure route... le bonheur est dans la vertu... » etc. Toutes pensées

façonnées par Jean-Jacques, dont l'empreinte récente avait marqué tant d'esprits français.

Dans tous les cas, cette lettre prouve que son
amour pour Azaïs fut platonique, quoi qu'en
puissent penser certains biographes. Lui était trop
froid et rêveur, elle à ce moment trop emballée
sur la vertu pour qu'il en fût autrement et on doit
la croire quand elle écrira plus tard de cet
amour : « L'innocence n'eut point à rougir, il fut
« pur, irréprochable. »

Toutefois les satisfactions du cœur ne nuisaient
pas au travail du cerveau et, ainsi qu'elle l'écrivait
à son beau-frère, l'auteur s'occupait assidûment
de son grand roman et le meilleur, *Mathilde*,
qu'elle ne mit pas moins de trois ans à construire.
Ne se contentant pas de la solitude qu'elle était
venue chercher si loin de Paris, elle adopta, sur
la pente d'une des montagnes (1) les plus rapprochées de Bagnères, un petit vallon retiré et charmant aux ombrages épais. Une source transparente, jaillissant du fond de ce petit Éden, court
sur des galets, formant de loin en loin de minus-

(1) Le Bédat.

cules cascades, et sur ses bords, des fleurs pré-
coces, les perce-neige, les crocus roses et mauves,
es coucous jaune pâle, se montrent avant même
que l'hiver ait disparu. Mme Cottin loua une
chambre dans une ferme tout auprès, et entre cet
asile et la paisible retraite où sans doute le philosophe venait la retrouver, et que ses intimes
avaient baptisée « l'Élysée Cottin », *Mathilde* et
Malek Adel virent le jour.

Le printemps était revenu, chassant la neige
par des fleurs, habillant de verdure les arbres nus
et mettant les paillettes d'un rayon d'or aux ruisseaux désemprisonnés de leurs glaces. La nature
chantait son hymne de joie, et le cœur débordant
de Sophie se déversait sur tous ceux qui y avaient
place. Elle écrivait à André Cottin le 22 avril :

« Nous sommes dans les délices du printemps,
toutes nos montagnes sont fleuries, les violettes
et les pervenches tapissent les prairies et les
rochers, le rhododendron couvre des espaces à
perte de vue et comme il ne se trouve que sur
les hauteurs, ses fleurs rouges contrastent de
la manière la plus éclatante avec les sapins et
les neiges. Les torrents grossis font retentir

« *leurs grandes voix*, la nature est si belle, s
« ravissante qu'on s'étonne en la voyant que le
« hommes aillent chercher ailleurs qu'auprè
« d'elle une distraction à leurs peines et un délas
« sement à leurs travaux.

« Le maître de dessin de nos enfants nou
« accompagne souvent dans nos promenade:
« C'est un jeune homme plein d'intelligence, d
« talent et de bonté, il dessine d'après nature tou
« les environs de Bagnères, et jamais portefeuill
« n'aura été mieux garni que le sien de ce que l
« nature a fait de plus agréable pour le bonheu
« de ceux qui l'aiment. Mon Dieu, André, ce pay·
« ci est si beau, je m'y suis tellement attaché
« que, quand je sens que je le quitterai sar
« peine, je m'étonne presque de la vivacité d
« désir qui m'appelle ailleurs. Ah! combien
« faut que j'aime ceux qui m'ôtent mes regret
« Êtes-vous ravi de *Mme de la Vallière* (1),
« fond, la forme, les sentiments, les réflexions,
« style, tout ne vous charme-t-il pas? Il me semb
« que ce n'est que de cette manière qu'on dc

(1) Par Mme de Genlis.

aimer cet ouvrage... J'en ai reçu deux exemplaires, M. Michaud me les a envoyés, c'est une richesse qui fait le bonheur de Bagnères, on s'inscrit chez nous pour l'avoir chacun à son tour. Si Mme de Genlis savait cela, elle ne me reprocherait plus, j'espère, d'être son ennemie.

« Si vous lisez les souvenirs de Félicie, ne croyez pas un mot de ce qu'elle dit de la vallée de Campan à la fin de son ouvrage, jamais description ne fut plus fausse; j'y ai passé une journée entière, l'autre jour; nous déjeunâmes, dinâmes, goûtâmes, dans cette charmante cabane... oh! que de jolis récits à vous faire, que de détails intéressants nous rapporterons!

« Nous sommes presque décidées à faire la route de Toulouse à Agde sur le canal du Languedoc; allons, André, un coup de tête, venez nous joindre, partez. Nous visiterons ensemble les grandes beautés des Pyrénées; c'est un voyage de six semaines; hé quoi, pas un désir, pas une tentation, votre cœur ne vous dit rien, ni pour nous, ni pour nos montagnes? Mon frère, que pourrais-je apprendre de plus doux que votre consentement et quel plus grand

« plaisir pourrais-je éprouver que celui de vous
« voir ici, en vérité je n'en sais rien.

« Nous commencerons nos courses dans les
« premiers jours de juin... Mon frère, les com-
« mencerons-nous sans vous; est-il donc impos-
« sible que nous soyons parfaitement heureuses;

« Adieu André, je vous écris avec peine, car
« j'ai tant marché ce matin que je suis horrible-
« ment lasse ce soir; il fait nuit, je ne vois pas ce
« que je fais, mais je sais bien que je vous aime
« et que, si je me livrais à toute l'effusion de ce
« sentiment de vive et tendre amitié, je ne sais
« trop si je n'en dirais pas trop à mon frère. »

Le temps passait rapidement dans la douce
intimité de Bagnères, déjà on songeait au départ
Le philosophe s'était laissé toucher par l'amour
de sa disciple et paraissait y répondre. Mme Cot
tin l'engageait à venir à Paris faire éditer son livre
sans doute étaient-ils convenus de se retrouver
bientôt, pour qu'elle ne parût pas plus affectée de
le quitter.

Cette idylle se déroulait sous l'œil bienveillant
de Fanny Soubies. Car il existe deux sortes de
dirons-nous « vieilles filles », selon l'expression

peu courtoise qu'ont trouvée les Français pour dé-
signer les femmes non mariées, alors que les
Anglais les nomment plus correctement « spins-
ters » (1). Donc, la catégorie de celles qui ne se
marient pas, soit volontairement, soit impossibilité,
et qui n'en ont pas moins droit à des égards, se
partage en filles aigries qui en veulent à l'amour
pour n'avoir pas voulu d'elles et le poursuivent
de leur jalousie partout où elles le rencontrent,
et celles dont les regrets mélancoliques s'atten-
drissent à la vue d'un bien qu'elles n'ont pas
goûté. Celles-ci, au contraire, sont portées à le
protéger. Mlle Soubies était de ces dernières;
aussi, pour l'en remercier, tous deux l'appelaient-
ils « ma mère ». L'ascendant d'Azaïs avait même
obtenu de sa douce amoureuse qu'elle entrât en
correspondance avec Mme de Rivière, son autre
mère, restée sa confidente.

Un amour chaste était le seul que pouvait
admettre le rêveur contemplatif du monde. Pour
lui, il ne devait être question que de mariage, à
tous les points de vue. Trop heureuse d'y con-

(1) Célibataire féminine.

sentir, la tendre Sophie se décidait pourtant à s'en séparer au bout d'un an, se considérant comme sa fiancée et comptant le revoir sans tarder.

Avant ce départ, elle écrivait encore à son beau-frère, en mai 1804, et, à la fin de sa lettre, elle ajoutait : « Ma cousine voulait vous écrire, je ne « sais si elle le pourra, elle part après-demain « pour Toulouse avec Delphine, des affaires « qu'elle vous expliquera l'y appellent indispen- « sablement. Elle y passera huit jours et, de là, « viendra me rejoindre à Lomné (1). C'est une « terre superbe au pied des Pyrénées, sur la route « de Toulouse; jamais les beautés de la nature « en furent rassemblées avec plus de profusion « que dans cet endroit de délices. Le maître « est un jeune homme d'une grande naissance « d'un bon caractère et d'un esprit assez aimable « garçon et faisant à merveille les honneurs de « chez lui. S'il n'y avait que cela, peut-être mon « frère trouverait-il un peu *bizarre* que je fusse « m'enfermer en tête à tête avec lui, dans cette « belle solitude, mais il a auprès de lui une de

(1) Propriété du baron de Cardaillac.

« ses sœurs, mère de famille, et dont la pré-
« sence rend mon séjour dans ce château tout à
« fait convenable. Ce voyage de Julie retardera
« un peu notre départ; les quinze jours que nous
« allons passer à courir, il faudra les retrouver
« en revenant ici et, au lieu de partir à la fin de
« mai, nous ne quitterons vraisemblablement
« Bagnères que dans les premiers jours de juin. »

A peine Mme Verdier était-elle partie, que son amie cherche à combler le vide de la séparation en lui écrivant :

« Samedi, 12 mai.

« Ma bonne, ma chère Julie, je m'étais bercée
« tout hier de la douce espérance d'avoir de tes
« nouvelles le soir; et j'ai été trompée dans mon
« espérance; demain, sans doute, je serai plus
« heureuse. Tu m'es nécessaire à un point que je
« ne puis dire, et ton absence me révèle bien vive-
« ment toute la puissance de l'habitude et la
« force de l'amitié; il est bien certain que je ne
« pourrais vivre sans toi, tu me manques beau-
« coup, je suis triste... oui, toutes mes pensées ne
« peuvent m'empêcher d'être triste !

« J'ai pourtant fait hier une charmante prome-
« nade, depuis sept heures du matin jusqu'au
« dîner, dans tous les jolis vallons de la Bassere,
« gravissant, descendant sans cesse. Nous avons
« monté plus de six montages et parcouru autant
« de vallées; la nature était si fraîche, le jour si
« beau, le printemps si brillant ! Je pense à toi;
« mais l'excès de la chaleur et de la fatigue
« m'empêchait presque de te regretter. Mlle Sou-
« bies était avec nous, je me suis promis de ne
« point faire d'autres promenades sans elle pen-
« dant ton absence et j'espère que tu ne me blâme-
« ras pas; elle marche aussi bien que moi et
« pourtant elle était lasse.

« Éliza seule ne l'était pas. La raison en était
« simple, une nouvelle passion l'absorbait, et tu
« sais qu'une passion met dans le ciel et que,
« quand l'âme est dans le ciel, *le corps ne sent
« plus ses chaînes, elle emporte avec soi tout
« l'homme*. Toute la fatigue d'Éliza était donc
« emportée par le plaisir de contempler et de
« caresser son petit chien, dont elle a su s'assu-
« rer la possession en dépit de tous mes efforts.
« Elle a passé près de huit heures à marcher, le

« portant toujours, le regardant sans cesse, ne
« parlant qu'à lui, ne voyant ni le déjeuner, ni la
« campagne, ni les personnes qui l'entouraient.
« C'est une chose extraordinaire. Je n'avais point
« l'air de la remarquer, mais j'étais intérieurement
« frappée de la vivacité, de la constance, j'ai pres-
« que dit de la profondeur de ses affections. Ah!
« ma bien-aimée, sois-en sûre, je serais bien
« fâchée de t'ôter la première place d'un cœur
« qui saura aimer comme celui-là. »
Et le surlendemain :

« 14 mai.

« Je ne veux pas m'inquiéter, ma Julie, je ne
« veux attribuer ton silence à aucune cause
« fâcheuse, ne sais-je pas les mille raisons qui ont
« pû empêcher tes lettres de partir, ne sais-je pas
« que tu as pu oublier l'heure du courrier soit en
« t'oubliant avec tes hôtes, soit en t'oubliant avec
« toi-même. Peut-être est-ce pour m'avoir écrit
« une trop longue lettre que je n'en ai point eu
« du tout; enfin, mon amie, je te connais et je ne
« devrais point m'inquiéter, mais fait-on tout ce
« qu'on doit? Je suis bien loin de ce but encore,

« du moins quand il s'agit d'être tranquille en ton
« absence...

« Je n'aurais voulu qu'un seul mot pour me
« dire que tu étais bien et que tu avais fait la
« route sans fatigue; à présent il faut attendre
« jusqu'à demain soir pour reprendre mes espé-
« rances; demain il y aura huit jours que tu seras
« partie, il y aura huit jours que je n'aurai reçu
« de tes nouvelles, c'est bien long, mon amie,
« plus long que je ne puis le dire, plus long que
« je ne l'aurais cru.

« J'ai été, ce matin, à cinq heures et demie, à
« Roc Mouli, nous y sommes montés après avoir
« déjeuné chez *Manse,* et nous sommes redescen-
« dus par la vallée de Baudian (1), mais sais-tu
« que, de même que j'étais plus scrupuleuse sur
« tes enfants pendant ton voyage, je le suis davan-
« tage sur moi-même quand j'ai cessé d'être sous
« ta surveillance, et en me sentant seule, loin de
« toi, j'ai senti le besoin de m'entourer de plus de
« femmes, et de femmes qui ne fussent pas comme
« la bonne Fanny, l'amie intime du philosophe.

(1) Beaudéan.

« Hier, dimanche, je fus me promener sur le
« chemin de Toulouse avec M. et Mme Soubies;
« je savais que cela leur ferait un extrême plaisir
« de m'avoir dehors auprès d'eux le dimanche;
« je leur offris cette promenade qu'ils acceptèrent
« à l'instant.

« Aujourd'hui, M. Rousse (1) est venu avec
« nous à Roc Mouli, il faisait très chaud, nous
« sommes revenues très lasses et très tard;
« Mlle Soubies a dîné avec moi, enfin il me
« semble que, privée de ton appui, je suis beau-
« coup plus éveillée sur les apparences. J'évite,
« autant que je le puis, de me trouver seule avec
« nos trois habitués. A cet effet, hier, en revenant
« de la promenade, j'ai passé ma soirée chez
« Mme Soubies, on y a goûté avec de la salade et
« du caillé que j'ai fait descendre, c'était une par-
« tie de plaisir pour Éliza, mais pour moi tant
« s'en faut, et si je n'écoutais que mon penchant,
« j'aimerais bien mieux m'entretenir du système
« du monde et de sa fin, que des histoires de
« Bagnères.

(1) Président du tribunal de Bagnères.

« J'aimerais bien mieux parcourir les mon-
« tagnes d'un pas rapide avec *cet ami si cher, si*
« *vénéré*, qu'avec M. Rousse qui marche à pas de
« tortue, soufflant, s'arrêtant et s'entourant de
« tous ses chiens crottés. Ce sont là de ces sacri-
« fices que je fais à la décence publique et je suis
« loin d'en murmurer, car la décence publique est
« au premier rang parmi les devoirs, et quiconque
« manque de force pour suivre celui-là, donne
« lieu de penser qu'il en manque aussi pour de
« plus importants... Mon Dieu, que de choses je
« dirais encore là-dessus si je n'étais si fatiguée...

« Il faut absolument distinguer Mlle Soubies de
« tous les autres parleurs de petite ville; jamais
« je ne lui entends dire un mot de commé-
« rages, mais elle me conte ses propres histoires,
« et la simplicité, la franchise, la vraie sensibilité
« de cette bonne fille m'intéressent et me touchent
« infiniment plus que tout l'esprit du monde...
« Ses témoignages d'amitié sont si sincères et si
« tendres, que le cœur est bien plus flatté de les
« recevoir, qu'il ne peut l'être par tous les hom-
« mages des gens réputés aimables et qui ont
« appris à sentir dans les livres...

« Adieu, mon amie, ma plus chère amie, je
« t'aime bien plus assurément, j'en suis bien
« sûre, que jamais femme n'a aimé une autre
« femme, si ce n'est toi. Hé bien, hier en racon-
« tant à M. Soubies et à M. Azaïs tout ce que
« nous étions l'une pour l'autre depuis l'enfance,
« cette longue union, cette vie partagée, mêlée,
« fondue, il me semblait que toute cette puissance
« d'amitié qui règne dans mon âme n'était pas à
« beaucoup près au-dessus de son objet et qu'en
« t'aimant autant qu'il m'est possible d'aimer, il
« n'y avait assurément rien de trop dans mon
« attachement.....

« Nous nous portons fort bien. »

A la même :

« Mardi matin, 16 mai.

« Aujourd'hui quinze ans que je me mariai...
« mais ce n'est pas de cela qu'il s'agit...

« M. de Cardaillac est ici. Je pars avec lui pour
« Lomné le 18 au soir, et, selon ta lettre après-
« demain ; le cabriolet ira te chercher à Saint-
« Gaudens le 19 ou le 20 ; il me tarde de te voir,
« il me tarde que tu arrives à Lomné et il me

« tarde d'en partir. Je ne suis bien qu'avec toi ; je
« mentirais si je disais que je n'aime que toi,
« mais je t'aime avec un plaisir, une vivacité, un
« goût inexprimables ; je me plais à t'aimer, je
« voudrais te voir entrer dans la chambre
« à présent ; c'est ici que je voudrais te retrou-
« ver et non pas à Lomné, mais c'est notre
« sort.

« J'envoie cette lettre à Tarbes par M. de Car-
« daillac ; je t'en écrirai une autre petite, ce soir,
« par la poste d'ici, afin que l'une d'elles t'arrive
« et t'instruise de nos projets... Adieu, mon amie,
« ta lettre m'a charmée...

« Je suis bien heureuse que tu m'aimes ; depuis
« le temps que je goûte ce bonheur, loin de m'en
« lasser, je le trouve toujours plus doux. C'est
« donc dimanche que je te reverrai, que je t'em-
« brasserai, ma tendre, ma plus chère amie.
« Adieu, mais ne nous quittons plus. »

Il est douteux que les lettres de Mme Verdier,
qui écrivait d'ailleurs fort bien, fussent aussi
tendres, aussi délicieuses.

Le mois suivant, elles partirent pour Paris,
Mme Verdier voyant sans plaisir les projets ma-

trimoniaux de sa cousine. Celle-ci, rentrée à Champlan, devait y subir, dans de cruels déchirements, la fin du beau rêve si passionnément vécu pendant une année.

Dès son retour, rapportant le roman de *Mathilde* assez avancé, elle se remit en rapport avec Michaud, qu'elle retrouva malade et s'occupant d'une maison d'édition. Il lui avait fourni des indications importantes pour son manuscrit, aussi lui en envoya-t-elle une partie avec ce mot :

« Si je m'en croyais, j'irais vous voir aussi,
« mais je ne l'ose point; souvent la timidité a
« défendu bien des choses à mon cœur... Je vous
« envoie tout simplement avec confiance et sans
« excuses le commencement de ce que j'ai fait.
« Voyez si c'est mieux ou moins bien, je suis dis-
« posée à vous croire au point d'être tentée de
« ne croire que vous. »

Mais son âme était pleine de celui qu'elle avait laissé à Bagnères, et tout aussitôt elle épandait de loin, à ses pieds, toute son ardeur de femme en pleine maturité.

« Tous les enthousiasmes sont revenus dans
« mon cœur. Est-ce votre amour qui les a pro-

« duits, est-ce à vous que je dois cette plénitude
« de vie qui quelquefois m'oppresse jusqu'à
« crier, jusqu'à mourir? Comment vous expli-
« quer ces instants où mon cœur se gonfle d'une
« joie dont il ignore la cause, mais qui mêle
« quelque chose de divin à tous les sentiments
« qu'il éprouve? Je bénis le ciel de ce que ma
« jeunesse s'en va, car sans cela je serais effrayée
« de tout ce qu'on me dit et des efforts que j'au-
« rais à faire pour proportionner l'expression de
« mes sentiments dans le monde.

« On m'a toujours reproché de mettre de
« l'amour dans mon amitié; non, ce n'est pas
« cela; mais une âme très vive répand sa viva-
« cité sur tout ce qu'elle touche. Je ne sais peut-
« être pas être modérée dans mes affections; je
« ne le pourrai jamais, je ne veux pas même
« apprendre à l'être.

« Beaucoup de personnes se plaindront peut-
« être de cette vivacité, plusieurs diront que cela
« les entraîne trop loin. Mais qu'y puis-je? Je
« m'éloigne de toute amitié intime avec les
« hommes dont l'esprit me plaît. Jamais la
« moindre confidence ne leur donne l'entrée de

« mon cœur; mais devant eux je parle avec en-
« thousiasme des objets que j'aime. Dois-je me
« changer et n'avoir que des affections médiocres
« afin que personne ne les envie? Mon ami, vous
« auriez tort de vous alarmer, il n'y a rien de
« plus impossible que d'ébranler ma tendresse
« pour vous. Je suis à vous comme le monde est à
« Dieu, je suis votre ouvrage et votre propriété. »

Sans doute Azaïs avait-il manifesté quelque
inquiétude à l'idée qu'elle allait retrouver des
amis pouvant lui faire tort dans son esprit.

Le tendre cœur de Sophie s'épanchait aussi
auprès de l'amie de tous les deux :

« Ma chère Fanny, que vos bonnes et excel-
« lentes lettres me font plaisir! Qu'il vous est
« facile de me faire du bien, puisqu'il vous est si
« facile d'aimer! Mais, quelque douce que me
« soit votre amitié, celle que vous éprouvez pour
« mon ami me l'est encore plus. Quand je lis
« dans sa lettre que la tendresse de Fanny a
« adouci sa peine, je sens que j'aime Fanny plus
« tendrement que jamais.

« Chère Fanny, je vous bénis du bien que
« vous lui faites et comme un pareil bien ne peut

« être dignement payé que par plus d'attache-
« ment, soyez sûre que le mien augmente chaque
« fois que les douces paroles de votre bon cœur
« soulagent mon pauvre ami. Oh! que ne donne-
« rais-je pas pour être à votre place! Vous le
« consolez, Fanny, laissez-moi envier votre sort;
« consoler mon ami est le sort le plus beau et le
« seul que j'envie; pour ce bien-là, j'abandonne-
« rais tous les autres avec joie.

« Ah! ma chère amie, laissez-moi vous parler
« de mon ami, vous en parler encore, ne jamais
« finir et cependant ne jamais épuiser ma ten-
« dresse, ni lasser votre amitié. Mon cœur en est
« si plein qu'il déborde. Sans doute, il est impos-
« sible d'aimer plus. Cependant, je le dis depuis
« si longtemps, et chaque jour me prouve que je
« me trompe. Oh! Fanny! un instant entre vous
« deux, un seul instant! Presser vos deux mains
« réunies contre mon cœur, vous dire encore
« que je vous aime tous les deux; hélas! j'ai tant
« besoin de vous le dire! Je vous le répète bien
« sans cesse, mais vous ne m'entendez pas et j'ai
« besoin d'être entendue... Ah! dites-moi? Vien-
« dra-t-il ce jour où il me sera permis de faire

« le bonheur de mon ami, où je l'entendrai vous
« dire qu'il est heureux!...

« Mon Dieu, il me semble voir vos yeux si
« tendres se remplir de larmes et me remercier
« de son bonheur. M'en remercier, Fanny, y
« pensez-vous? Son bonheur lui fait-il autant de
« bien qu'à moi? Est-ce donc pour lui que je le
« rends heureux?...

« O mon ami, ici même, dans cette lettre qui
« n'est pas pour vous, je ne puis parler que de
« vous, je ne puis parler qu'à vous. Pardonnez-
« moi, Fanny, quel cœur me pardonne mieux
« que le vôtre un excès de tendresse que je ne
« puis retenir. Oui, mon amie, oui, je ne puis voir
« que lui; si mes yeux s'attachent sur vous, ce
« n'est qu'après avoir traversé son image; elle
« m'entoure, me pénètre, s'insinue dans mon
« cœur, dans mon sang. Mon Dieu, j'ai peur que
« Fanny même ne me reproche de trop aimer!
« Mais j'ai besoin de me dédommager des repro-
« ches que je lui ai faits, des sermons que je lui
« ai adressés; j'ai peur d'avoir été trop sévère.
« Faites ma paix, mon amie, et dites-lui qu'ici
« même, où je laisse aller tout mon cœur, je ne

« l'aime pas mieux que quand j'ai la force de le
« gronder...

« Mais, Dieu ! Comment ai-je pu avoir la force
« de le gronder... Parce qu'il s'afflige avec excès,
« n'est-ce pas parce qu'il aime avec excès ? O
« mon ami, aimez-moi toujours de même et, plu-
« tôt que de nous aimer moins, soyons malheu-
« reux ensemble.

« Chère Fanny, que de jours j'ai perdus ! Que
« ne les ai-je passés près de vous, dans cette
« chambre chérie qui sera plus ma chambre
« qu'aucune de celles que j'occuperai le reste de
« ma vie. Cette porte à travers laquelle j'enten-
« dais des voix si chères, cette porte est toujours
« devant mes yeux, mais, semblable à ces ombres
« qui fuient avec le jour, elle échappe à mes
« mains qui se tendent pour la toucher. Chère
« Fanny, s'ouvrira-t-elle encore cette porte, vole-
« rai-je encore dans vos bras, dans ceux de mon
« ami ? O ma chère Fanny, demandez-le pour
« moi au ciel, Dieu ne repousse pas les prières
« d'un ange. »

Quelle plainte déchirante sortant de ce cœur
torturé, hors de lui-même par la séparation, par

la crainte d'avoir peiné, blessé celui qu'elle adore!
Quels regrets cuisants de ces mois de bonheur
venus comme un soleil réchauffant dans sa vie
terne, en somme, malgré qu'elle cherchait à l'ani-
mer par sa tendresse exaltée pour Julie. Cette fois,
un amour envahissant, doux et passionné s'est
emparé de toutes ses fibres qui saignent dans
l'absence et la menace de ses ravages. Dans cette
lettre, adressée à la fois aux deux êtres qui remplis-
sent son cœur, elle a une sorte de pressentiment
qu'elle ne reviendra pas dans la maison où elle a
été si heureuse.

Peut-être avait-elle déjà des raisons de prévoir
la fin tant redoutée de ce roman si cher, puisque,
peu de temps après, elle s'arma de courage et
envoya à Azaïs cette épître, dont la partie la plus
importante dut être si pénible à celle qui l'écrivait :

« Vous remplissez mon cœur, mon imagina-
« tion, le monde, l'espace. Je ne vois rien qu'à
« travers votre pensée, je n'aime rien qu'après
« vous avoir aimé, je n'éprouve pas un sentiment
« qui ne se rapporte à vous, je n'écoute pas une
« conversation que je ne vous y appelle, je ne

« réponds qu'à votre esprit, je n'agis que d'après
« vos directions; en un mot, je vis toute en vous,
« au point que je me figure quelquefois qu'il y a
« autant de vous à Paris que dans les Pyrénées
« où vous êtes. Oh! mon ami, qu'un tel amour
« serait dangereux si vous n'en étiez pas l'objet!...

« Mais les devoirs, ne disons pas qu'ils sont
« faciles, car j'en ai un à remplir envers vous
« qui me coûte sensiblement. C'est la seule pensée
« qui, relative à moi et m'occupant continuelle-
« ment, vous est demeurée cachée jusqu'à ce jour.

« Dans le commencement de nos liaisons,
« n'osant pas vous le dire, j'aurais voulu le con-
« fier à Mme de Rivière. Vers la fin de mon
« séjour à Bagnères, cette pensée, qui est une
« crainte désolante, avait disparu. Je l'ai retrouvée
« ici et c'est votre dernière lettre qui m'apprend
« que c'est pour moi un devoir indispensable
« de vous le dire. Mais comment m'y prendre?
« Comment entrer dans ces détails dont la mo-
« destie a tant à souffrir; ah! que ma bien-aimée
« Fanny n'est-elle ici! J'épancherais tous mes
« secrets dans son sein, et sa délicatesse trouve-
« rait peut-être l'art de vous les faire deviner

« sans vous les dire. Mon ami, détournez-vous
« et écoutez-moi.

« Je lis dans votre dernière lettre : — Sans
« l'espérance de voir naître une famille, ce serait
« un devoir pour nous de ne pas nous unir sur
« cette terre. — Mon ami, mon tendre ami, je ne
« l'ai pas cette espérance. Voilà le motif qui doit
« m'excuser à vos yeux d'avoir, si jeune, renoncé
« au mariage. Dans les premiers moments où
« je vous parlai de cette résolution, vous n'y
« étiez pas intéressé encore. Vous la blâmâtes; je
« vous dis que si vous en connaissiez les motifs,
« vous me justifieriez peut-être. Voilà le prin-
« cipe, voilà la cause de mon silence, chaque fois
« que vous me parliez de ce bonheur bien plus
« doux que notre union même. Voilà la raison
« secrète qu'appuyaient toutes celles que je vous
« donnais pour vous regretter. Ah! si j'avais eu
« l'espoir d'être mère!

« Je l'ai eu un moment; c'est alors que j'ai osé
« redemander de l'amour à votre cœur et que je
« me suis engagée à vous appartenir. J'ai dû au
« long séjour de Bagnères, à son air, à ses eaux,
« à ses bains, un rétablissement de ma santé

« auquel j'avais renoncé depuis longtemps. Dès
« l'hiver dernier, j'avais retrouvé ces symptômes
« qui donnent aux femmes l'espérance du plus
« grand bonheur.

« Comme mon cœur a palpité de joie dans ce
« temps-là! comme il a su vous aimer, comme il
« s'enivrait à la pensée de s'unir à vous et de
« vous donner tous les biens! Mon Dieu, mon
« Dieu, aimer un être qui vous aurait dû l'exis-
« tence! Ah! mon ami, où aurais-je trouvé assez
« d'amour pour l'aimer assez? Non, non, je ne
« suis pas destinée à une telle félicité.

« Depuis mon retour ici, j'en ai perdu toute
« espérance. Cet accident, particulier à ma santé,
« existait au moment de mon mariage; je lui ai
« dû le malheur de n'avoir point d'enfants. Il a
« duré presque constamment, jusqu'à mon voyage
« à Bagnères. Lorsqu'il cessa, je crus que Dieu
« lui-même me montrait qu'il m'avait amenée là
« pour me donner à vous.

« Depuis mon retour, il a bien fallu changer
« de pensée. Je méditais dans une silencieuse
« mélancolie sur ce que je devais faire. Partout,
« dans votre journal, je voyais vos vœux pour

« une famille; c'était bien plus une famille qu'une
« compagne que vous désiriez... Mon cœur se
« brisait; le devoir me commandait bien de vous
« parler, mais j'étais sûre que vous alliez m'aimer
« beaucoup moins quand j'aurais parlé et je ne
« pouvais me décider à rompre le silence. Pour
« en avoir la force, il fallait que je m'exaltasse
« jusqu'à préférer le devoir à votre amour.

« J'ai combattu longtemps et la victoire n'es
« pas complètement gagnée... Cependant, il y a
« des moments où je m'élève jusqu'au courage
« de ne vouloir que ce qui m'est dû, et c'est dans
« cette disposition que je commence ma lettre.
« Maintenant, en m'appuyant sur les délices d'être
« à vous, mon âme a repris sa faiblesse et je
« n'aurais plus la force peut-être de recommen-
« cer mon aveu, mais j'aurai celle de l'en-
« voyer.

« Oh mon ami, si je vous connais bien, cette
« lettre va nous séparer, même dans votre vo-
« lonté. Tout en gémissant, tout en m'aimant,
« vous allez renoncer à moi, et, je vous l'avoue,
« quoique avec un cœur déchiré, soit fierté, soit
« tendresse, je n'ai voulu risquer une telle réso-

« lution que sûre de pouvoir la supporter. Non,
« je ne succomberai pas à ma peine! Je vous
« aime pourtant d'un sentiment passionné, mais
« n'importe, je ne succomberai point.

« Déjà depuis longtemps, je tourne mon cœur
« vers Dieu; sans doute la seule amitié y laisse-
« rait du vide, mais Dieu pourra peut-être le
« remplir, et vous, mon ami, n'y resterez-vous
« pas aussi? Vous que j'ai tant aimé, que j'aime
« tant encore! Ah! croyez que si j'étais plus jeune,
« je n'abandonnerais pas mes espérances, je cal-
« culerais qu'après quelques années consacrées
« à votre ouvrage, nous pourrions retourner à
« Bagnères, et que là, en retrouvant le bienfait de
« ses eaux, je pourrais me livrer à l'espoir de
« toutes les félicités. Mais de pareils calculs, de
« telles attentes ne sont permises qu'à la jeunesse;
« ma jeunesse est passée. Ah mon ami, si je la
« pleure, c'est de regret de ne pouvoir vous la
« donner. »

Que dut-il répondre à une lettre si touchante,
si délicate, si courageuse? Et est-ce après l'avoir
reçue, que, pris d'un mouvement de désespoir
passablement égoïste, il écrivit à Mme de Rivière

ces lignes, où « le moi toujours haïssable » tient une bien grande place :

« Ne plus aimer sur la terre, c'est-à-dire ne me
« donner à personne, me garder pour moi-même
« et ne garder que moi! Ne jamais communiquer
« l'existence à des êtres qui puissent me remer-
« cier de ce présent! Ne pouvoir jamais bénir
« une mère de m'avoir fait ce présent à moi-
« même, sentir chaque jour s'écouler à mon âge
« sans me voir rajeunir et revivre dans un enfant
« qui sera moi, et quand je disparaîtrai du monde,
« ne laisser à personne le devoir de bénir ma
« mémoire, d'unir son existence au souvenir de
« la mienne, de se rappeler toujours qu'il n'au-
« rait pas existé sans moi! Si j'ai perdu tout cela,
« j'ai perdu tout ce qui pouvait m'attacher à la
« terre. »

Elle lui conseilla sans doute de ne rompre qu'avec le projet d'union, estimant que l'amitié de cette femme-auteur pourrait être utile à la publication de son livre; et la correspondance continua sur un ton tour à tour amical et passionné.

Pourtant, la pensée de Michaud était désagréable au philosophe pyrénéen. On le voit dans

cette lettre de Mme Cottin à Fanny Soubies, le
22 nivôse an XIV (11 janvier 1805), où elle paraît
même en éprouver une certaine satisfaction, toujours bien féminine :

« Je vous avoue que, dans l'espèce d'irritation
« qu'a éprouvée notre ami, je vois quelques
« reproches à me faire. Je suis sûre qu'il a été
« tourmenté par un peu de jalousie. Il sait que
« j'ai passé tout l'été avec un homme très aimable,
« dont je lui avais dit beaucoup de bien et qui
« me montrait une de ces amitiés si tendres qu'on
« est presque tenté de leur ôter ce nom. Il en a
« souffert, je le conçois, et pourtant il a eu tort.
« Dans la disposition où je me sentais, j'étais sûre
« d'arrêter ce sentiment à l'amitié, si c'était plus.
« Devais-je, sous aucun prétexte, causer de l'om-
« brage à mon ami?

« Non, je ne l'eusse pas fait si M. M... (1)
« n'eût pas été malade, n'eût pas eu besoin d'un
« bon air, d'un régime sain et des soins de la
« bonne amitié. Il est vrai que, par mes relations
« littéraires, je vois souvent cet homme que je

(1) Michaud.

« consulte sur tout; enfin, j'avoue que son esprit
« me plaît, que sa société m'est douce, et puisqu'il
« n'y a pas de secrets qu'on ne doive révéler à sa
« mère, j'avoue encore que le tendre intérêt que
« je lui inspire, sans m'émouvoir jamais, m'a
« touchée quelquefois... Ah pardonnez-moi, ma
« bien indulgente mère, mais je crois que, jus-
« qu'à mon dernier soupir, au moment de tom-
« ber devant le trône du Souverain Juge, je serai
« encore sensible au plaisir d'être aimée. »

Tout cela ne plaisait guère à Azaïs. La facilité
de ce cœur tendre à accepter tous les hommages,
en voulant se persuader qu'ils ne la troublaient
pas, peut-être même sa propre froideur effarou-
chée du langage passionné qu'elle employait en
lui écrivant, le charme de sa présence n'agissant
plus, il se déprenait peu à peu. Il la crut infidèle,
légère, et pensa qu'il était de sa dignité de se
retirer tout à fait. Il allégua le besoin d'une tranquillité absolue pour terminer son œuvre et désira
ne plus recevoir de lettres.

La pauvre Sophie courba la tête, mais elle voulut lui écrire une dernière fois.

« 1ᵉʳ germinal (22 mars 1805).

« Mon ami, permettez-moi de vous écrire
« encore une fois, une seule fois. Si vous persis-
« tez à ne le plus vouloir, un mot de réponse me
« suffira; je l'entendrai, je me tairai; sans vous
« adresser un reproche, sans formuler une plainte,
« je pleurerai solitairement et je vous aimerai en
« silence jusqu'au dernier jour de ma vie. Mais,
« avant de m'arracher la seule jouissance qui me
« reste d'un si pur et si tendre attachement, il
« faut que je le goûte encore une fois; et vous
« voudrez bien qu'avant de vous dire adieu, je
« vous dise encore que je vous aime.

« Ah oui, mon ami, je vous aime, et bien plus
« que vous ne le croyez, à ce que je m'aperçois.
« Que vous lisez mal dans ce cœur que vous dé-
« chirez, si vous pensez qu'à présent, comme il y
« a un an, je ne regarde pas comme le premier
« bonheur de la terre d'unir mon sort au vôtre!
« Non, vous ne savez pas, en dépit de mes
« efforts, combien cette pensée me revient sou-
« vent, combien elle me poursuit dans ces ins-

« tants où une suite de vide et d'isolement par-
« vient à mon cœur.

« Mais alors, je l'avoue, je me rejette avec ar-
« deur dans les bras de celle à qui je me suis
« donnée, je jette un voile sur toutes les dou-
« leurs qui voudraient m'atteindre, je me livre
« avec un nouvel abandon, une plus grande con-
« fiance. Je voudrais qu'il me reste de nouveaux
« sacrifices à faire à mes devoirs, pour m'y sentir
« plus liée. J'ai donné mon bonheur, je puis
« encore donner mon regret et mes larmes. Ce
« n'est pas assez faire en faveur de l'amour, que
« de consentir à être malheureuse pour le satis-
« faire; il faut être heureuse, eh bien, je l'ai pro-
« mis, je le serai, je le suis, mon ami. Peut-être
« que dans ces moments où je donne tant, il y a
« de l'excès... mais vous savez qu'il est dans mon
« caractère d'en avoir. Je ne puis rien retenir en
« arrière et je ne crois avoir assez fait que lors-
« qu'il ne reste rien à faire.

« Je sais bien que, lorsqu'on s'est livré à un
« seul cœur et que ce cœur n'est pas tout à vous,
« il est des moments de vide. Quand ils m'ar-
« rivent, je tourne mes regards vers le ciel, mais,

« vous l'avouerai-je, je les tourne plus souvent
« vers vous. Ce matin, j'ai eu un de ces moments
« de détresse, où je prévoyais avec effroi l'isole-
« ment de la vieillesse. Eh bien, me suis-je dit,
« je retournerai vers eux, dans une chaumière
« des montagnes, je me jetterai dans leurs bras,
« ils me recevront.

« En arrivant ici, j'y ai trouvé votre lettre.
« Mon Dieu, me suis-je écriée, je n'ai plus que
« vous. Mais ce dernier asile, si puissant et si
« doux, c'est encore à mon ami que je le dois.
« Alors même qu'il croit devoir se séparer de
« moi, il ne me laisse pas seule sur la terre. Rece-
« vez de celle qui fut votre Sophie, qui n'a pas
« cessé de l'être, de celle qui vous aime et qui va
« s'arracher à vous, recevez ses bénédictions,
« telles qu'aucune créature n'en reçut de sem-
« blables d'aucune créature de son espèce; car
« nuls bienfaits ne peuvent se comparer à ceux
« que j'ai reçus de vous.

« O mon plus cher, mon plus sincère ami!
« dans ces temps de silence qui vont succéder à
« ma confiance si tendre, à des espérances si
« douces, si votre pensée revient vers moi et que

« vous cherchiez à deviner mon cœur, direz-
« vous : si elle est tranquille c'est à moi qu'elle
« doit sa paix, si elle sourit, c'est qu'elle songe
« qu'elle me reverra dans l'éternité?

« O mon ami, pardonnez-moi, je suis faible,
« je ne devrais pas vous attendrir; vous avez
« besoin de force, mais est-ce bien vous l'ôter
« que de vous dire que je vous aime et qu'en
« dépit de tous les obstacles, je vous aimerai jus-
« qu'au dernier soupir?

« Je vais tâcher de vous parler avec plus de
« sang-froid; prenez garde de vous rebuter trop
« tôt. Une amitié comme la nôtre n'est pas un
« bien si faible qu'il ne doive pas se payer par
« quelque épreuve. Croyez-moi, luttons contre
« elle et n'abandonnons pas notre trésor. Le
« temps approche où il nous sera permis d'en
« jouir; encore quelques années et nous aurons
« le droit d'être amis. Parce qu'il faut l'attendre,
« faut-il renoncer à un pareil bien? N'en sentez-
« vous pas l'assurance au fond de votre cœur?

« Le mien m'en répond et ne me trompe pas
« quand il me répond du vôtre. Vous compren-
« drez alors comment il est des choses auxquelles

« je ne réponds rien. Vous comprendrez alors
« que celles que je ne dis pas sont celles que je
« ne veux pas me dire à moi-même; je vous
« traite comme je me traite, je vous dis tout ce
« que je sais, mais non pas ce que je ne veux
« pas savoir. Non, je ne manque pas de confiance
« en vous, je ne vous cache rien de ce que je
« vois.

« Je consens à croire à mon amie tous les torts
« qui peuvent excuser vos soupçons (1). Je ne
« puis lui en croire aucun de ceux qui peuvent
« altérer ma tendresse. Laissons cela. Ceci doit
« être ma dernière lettre, laissez-moi encore une
« fois pleurer ma perte dans vos bras, vous pres-
« ser sur ce cœur tout à vous.

« Et maintenant, adieu, mon ami, mon bienfai-
« teur, mon frère; soignez votre santé, épargnez-
« moi l'affreuse douleur de vous savoir malade.
« Veillez sur vous, je vous le demande au nom
« de cet amour si tendre qui vous avait choisi,
« vous seul entre tous les hommes que j'ai con-

(1) S'agirait-il de Fanny, qui aurait donné connaissance à Azaïs des lettres où il était question de Michaud?...

« nus. Adieu. Même en nous séparant, nous rem-
« plirons notre destinée, nous ne cesserons point
« d'être unis et nous nous retrouverons dans le
« sein de notre père commun, où nous allons
« nous rejeter tous les deux en nous arrachant
« l'un à l'autre.

« Voici une petite lettre pour Fanny; veuillez
« la lire avant de l'envoyer; sans doute je ne lui
« en écrirai pas d'autre de longtemps, et vous,
« mon ami, le même motif qui vous engage à ne
« plus me voir, doit aussi m'interdire de vous
« écrire. Nous allons donc vivre, non pas étran-
« gers l'un à l'autre, cela est impossible, mais
« sans relation, sans communication... Votre
« adieu m'a serré le cœur; mais cet adieu est
« nécessaire, je le sens, j'en suis sûre...

« Adieu mon ami, vous aurez été mon dernier
« amour; nul sentiment de ce genre n'entrera
« dans ce cœur qui vous appartient, et c'est vers
« vous seul que me ramènera le souvenir de ce
« sentiment; et à ce moment où je vous quitte, je
« jette un dernier regard sur cette félicité qui
« nous fut promise, et il me semble que je dis un
« dernier adieu au monde... Pardonnez-moi ce

« dernier accent de ma tendresse, je ne le laisse
« aller que parce qu'il sera le dernier.

  « Ne nous voyons plus, jamais le devoir n'a
« commandé rien de plus nécessaire. Mais
« puissent vos succès venir jusqu'à mon oreille,
« ils flatteront et réveilleront ce qui me reste
« d'amour-propre; puisse surtout votre bonheur
« arriver jusqu'à moi! J'espère abandonner assez
« tout mon cœur à Dieu, pour que cette nou-
« velle ne m'apporte qu'une joie sans mélange,
  « Adieu mon ami, mon sage et vertueux ami,
« mon bienfaiteur et mon guide, cessons de nous
« voir mais ne cessons pas de nous estimer, je
« n'ose dire plus. Cependant, pourquoi oublie-
« rions-nous un amour dont l'innocence n'eut
« point à rougir, un amour pur, irréprochable
« fondé sur les plus nobles motifs et auquel nous
« devons peut-être plusieurs de nos vertus?... »
Lettre à Fanny.

  « Et vous ma Fanny, il faut vous quitter aussi,
« vous dire adieu, vivre encore plus séparée de
« vous, et voilà comment devait finir un senti-
« ment si tendre. Ah! que dis-je? Finir? non, non
« il souffrira, il gémira, il ne finira pas. Peut-être

« mon cœur déchiré se glorifiera-t-il un jour des
« épreuves qu'il lui faut subir, lorsqu'il pourra
« vous dire, à vous et non à mon ami : après
« bien des années d'absence et de séparation,
« voyez l'isolement où vous m'avez laissée. Le
« tumulte du monde, les séductions de l'amour-
« propre, voyez si même une influence plus
« chère a pu seulement affaiblir l'attachement que
« je vous ai voué?

« Ma bien-aimée Fanny, je vous recommande
« mon ami; vous n'en avez pas besoin. Ne l'ai-
« mez pas pour moi, je me charge de ce soin;
« mais donnez-lui tout le bonheur qu'il ne peut
« ou ne veut plus recevoir de moi. Je ne le blâme
« point, je l'aimerai toujours.

« Je ne lui écrirai pas. Je vais écrire qu'on
« envoie un volume de *Mathilde* à sa mère (1), je
« lui écrirai à elle, puisque je le puis encore. »

Le philosophe ne se laissa pas attendrir par
cette plainte navrante, par l'abnégation si touchante, si héroïque d'un pareil amour; il persista
dans sa rigueur. Alors peu à peu, dans le cœur de

____

(1) Mme de Rivière.

l'amoureuse la tourmente s'apaisa, lui permettant
d'écrire ces lignes à l'être si cher : « Je suis bien,
« j'ai vaincu l'orage, le calme a succédé; j'ai dans
« l'âme une résignation douce, tendre, entière. Je
« crois que ce que Dieu a décidé est le mieux
« possible; puisque ni vous ni moi n'avons la
« force de lever l'obstacle qu'il a mis entre nous,
« apparemment qu'il nous est bon qu'un obstacle
« nous sépare. Il m'était bien plus facile d'aller
« au bien avec vous, mais, en y allant seule, j'y
« aurai plus de mérite et *tout sera compensé...* »

Mme Verdier, auprès de laquelle l'auteur des
Compensations n'avait jamais été en faveur, fit de
son mieux pour achever d'en détacher sa cousine.

Mais, malgré sa résolution, elle écrivait encore
à Fanny Soubies et lui disait à ce sujet :

« Il m'eût été impossible d'être heureuse avec
« qui que ce soit, sans l'approbation de cette
« première amie. Une telle amitié dès le berceau
« a quelquefois moins de charme, mais toujours
« plus de force que l'amour. Je n'aurais pas sup-
« porté une vie où elle ne se serait pas trouvée.

« Ah pourquoi n'ai-je pas appris à réprimer

« les erreurs d'une imagination exaltée? Pour-
« quoi s'est-elle trouvée unie à un cœur avide
« d'aimer, qui lui demandait toujours des raisons
« pour se le permettre et à qui elle en donnait
« toujours! »

On n'a pas attendu cette dernière pensée, d'un
tour si délicatement ingénieux, pour constater
que Mme Cottin n'était pas uniquement la femme
tendre et passionnée que nous avons vue dans
tant de lettres, mais que, chez elle, l'intelligence
et le raisonnement étaient d'une grande subtilité.
Quant à son affirmation que l'amitié d'enfance
l'emporte sur l'amour, si elle n'avait pas quitté
son dieu et que certains froissements ne fussent
pas survenus, le blâme de sa première amie n'eût
pas pesé lourd dans l'entraînement qui la possédait.

Cependant l'intimité de ces deux femmes est
un exemple assez rare de ces amitiés féminines
qui se continuent tout au long de la vie sans
refroidissement, sans jalousie, sans petites traî-
trises, accompagnement ordinaire de cette sorte
d'affection. Mme Verdier semble avoir eu de
l'empire sur la douce Sophie, dont la tendresse

défiait tout ce qui aurait tendu à la diminuer. En somme, cette étroite union est toute à la gloire de l'une et de l'autre.

Elle en vint même à douter de l'infaillibilité du fameux système, et toujours à la même Fanny :

« Je me demande parfois s'il n'y a pas eu de
« la présomption de ma part à croire sur parole
« des choses extraordinaires, puisque toutes les
« explications de ce système reposent sur des
« sciences que je n'entends pas. Si son ouvrage
« est tout ce qu'il dit, tout ce que je crois quel-
« quefois, si la volonté de Dieu est là, il n'a pas
« besoin de notre secours; si elle n'y est pas, il
« faut l'empêcher de paraître. »

Cette fin est assez ambiguë, on ne sait pas s'il s'agit de la volonté de Dieu dans le système et si c'est Dieu qui a besoin de secours, ou Azaïs, ni si c'est la volonté de Dieu que le livre paraisse ou non, et ailleurs :

« *On dirait d'un trône vacant.* En effet, j'ai
« écrit ces paroles, mais, ce qui est bien étrange,
« c'est que ce n'est pas moi qui les ai prononcées.
« Des gens très religieux, attachés au journal des
« *Débats,* qui écrivent sur la vérité et la morale

« les plus excellentes choses, mais qui croient
« peu et pratiquent encore moins, se trouvaient à
« la campagne avec moi l'été dernier. Ils disaient
« que la philosophie était tombée dans le mépris,
« la religion dans l'oubli, que cette absence de
« toutes les grandes occupations de l'esprit et du
« cœur laissait dans le monde un grand vide
« qui avait besoin d'être rempli. On croirait,
« disaient-ils, que l'Univers attend quelque chose,
« *on dirait d'un trône vacant.* Ces paroles me
« frappèrent, elles allaient directement à ma pen-
« sée. Je gardais un profond silence, mes yeux se
« remplissaient de larmes. Il vient, il vient, celui
« que vous demandez, avais-je envie de m'écrier,
« il vient remplir le vide et s'asseoir au trône
« vacant.

« Je les écrivis à Bagnères; elles ont été jus-
« qu'à vous, ne vous surprennent-elles pas aussi,
« ma mère?

« J'ai un caractère plein d'enthousiasme et de
« mobilité. Souvent, en ne regardant qu'une par-
« tie de l'objet, je ne doute pas du succès, mais,
« au milieu de ma confiance, d'autres pensées
« viennent l'ébranler. »

Eh oui! la mobilité de ce caractère lui fit bientôt accepter les attentions de plus en plus particulières du futur académicien, son éditeur. Sa conversation l'intéressait, il lui faisait des vers qu'il n'osait pas lui remettre ouvertement.

Et toujours à Fanny : « L'auteur tremblait, dit-« elle, je n'ai jamais tant rougi de ma vie. A tous « deux, presque également timides, nous faisions « la plus singulière figure du monde. Je n'ai pas « osé répondre un mot; il n'a plus été question « de cela entre nous. »

Et dans une autre lettre :

« Comment voir si près de soi quelqu'un qui « ne vit, qui ne respire que pour vous, qui fait « de vos penchants sa règle, de vos désirs sa loi, « de vos goûts ses penchants, qui n'existe que « pour vous aimer et qui vous aime sans vous le « dire; qui satisfait votre cœur par sa tendresse « et votre fierté par son respect; comment voir « tout cela auprès de soi et ne pas le voir avec « complaisance?

« Ma mère, je sais bien que vous me blâmez, « et ma punition trop douce sera de laisser aller « cette lettre qui m'accuse. Je n'aime que mon

« ami; si j'étais libre de mon sort, c'est de lui seul
« que je le ferais dépendre. Je ferais mon bonheur,
« comme il y a un an, d'être la compagne de sa
« vie, mais je sens que, si je l'étais, je ne me per-
« mettrais pas de telles amitiés. Elles ne sont
« donc pas entièrement pures puisque, si j'étais à
« un autre, elles seraient de trop.

« Ensuite, quoique je ne sois pas la compagne
« de votre fils, ne suis-je pas son amie; et parta-
« ger ainsi mon amitié, n'est-ce pas un vol que
« je lui fais? Cependant quand c'est à des femmes
« que je la donne, il ne songe pas à se plaindre,
« ni moi à m'accuser, et pourtant, si avec plus
« de charme il y a autant d'innocence dans cette
« amitié-là, pourquoi serait-elle coupable? Elle
« n'est pas coupable; mais elle n'est pas très géné-
« reuse... Je n'ai pas mal fait, mais j'aurais pu
« mieux faire, et voilà ce que votre fille devait
« vouloir.

« Jadis Sophie pouvait avoir de ces faiblesses-
« là, mais ce qui est pardonnable quand on a vingt
« ans, ne l'est plus quand on vous nomme sa
« mère et qu'on a mon âge. Eh bien! j'ai dans
« l'idée qu'elles ont encore plus de puissance

« quand on approche de l'époque où on ne
« pourra plus les avoir. Quand on se dit : voilà
« peut-être la dernière personne qui m'aimera
« de cette manière, je vous assure qu'il faut un
« grand courage pour l'écarter. »

L'écarta-t-elle en effet? Tout porte à en douter. Michaud se présentait avec des séductions
qu'Azaïs n'avait pas. Le philosophe austère était
gourmé, solennel, emphatique, bien qu'il dût
parfois se détendre avec celle dont il respirait
l'amour comme le parfum d'une fleur offerte en
hommage à son génie. Michaud, épris d'une autre
manière, aimable, empressé, causant de sujets
moins transcendants mais plus accessibles à l'en-
tendement féminin, dut peut-être amener celle-ci
à des comparaisons qui ne furent pas à l'avantage
du provincial.

Et puis, le temps marchait, les heures de la
belle jeunesse, que Sophie n'avait pas employées,
s'enfuyaient au loin derrière elle, et bientôt allait
sonner celle qui ne permet plus que les souvenirs. Car les femmes, à cette époque, vieillissaient
bien plus tôt qu'à la nôtre, ou du moins se figu-
raient vieillir. Elle dut être prise de vertige à la

pensée que dans peu il ne serait plus temps d'exercer sa puissance d'aimer. La blessure faite par un autre avait besoin d'être pansée, adoucie, cicatrisée; sans doute aussi, ces idées de haute piété dont elle entretenait Mme de Pastoret avaient *changé,* pour laisser place à d'autres, si tant est qu'il y en a ne laissant jamais place aux faiblesses humaines. Et la femme qu'elle était, si passionnée dans sa correspondance, si ardente dans ses héroïnes, à qui elle prêtait sa propre nature, quelles luttes ne dut-elle pas soutenir contre elle-même et eut-elle l'héroïsme de n'y pas succomber? La physiologie féminine ne permet guère de l'admettre.

Quoi qu'il en soit, lorsque Azaïs vint à Paris au commencement de l'année 1806, leur idylle appartenait si bien au passé qu'ils purent se revoir sans trouble. Mais, avant son arrivée, Mme Cottin crut de son devoir de le prévenir de l'attitude qu'elle comptait prendre au sujet de la doctrine qu'il venait exposer, doctrine dont elle avait été fascinée elle-même un instant, mais qu'elle jugeait, maintenant, d'un esprit assagi.

« 12 mai 1805.

« De tous côtés, on fait courir le bruit que j'ai
« adopté la foi catholique, que je vais faire abju-
« ration, que ces premiers germes ont été jetés
« dans mon cœur par un solitaire, un ermite des
« Pyrénées, et que l'abbé de Boulogne les a con-
« firmés. On m'écrit de plusieurs villes diffé-
« rentes pour me questionner à cet égard; on en
« parle dans tous les salons, enfin on ne cesse de
« s'occuper de mes opinions religieuses, tandis
« que toute mon étude est de les renfermer dans
« le fond de mon cœur.

« Mais ce n'est pas seulement de moi qu'il est
« question, c'est de vous aussi; en dépit de votre
« obscurité, vous faites déjà du bruit dans le
« monde, et de tous côtés on s'écrie : qu'est-ce
« donc que cet homme extraordinaire? Toutes
« les conjectures se réduisent à vous peindre
« comme un zélé catholique qui va venir prêcher
« l'évangile avec une ferveur digne des anciens
« temps. Je suis sûre que beaucoup de dévôts
« vous attendent avec impatience, espérant que

« c'est à vous qu'il appartient de porter le der-
« nier coup au parti philosophique; que diront-
« ils quand vous paraîtrez?

« Je sais que toutes ces annonces, toutes ces
« attentes vous déplairont beaucoup, que vous
« les trouverez fâcheuses, même pour le succès
« de votre ouvrage; je suis de votre avis, je crois
« qu'elles vous nuiront, et je ne puis me dissi-
« muler que c'est moi qui vous ai fait connaître.
« Mais, mon ami, comment cela pourrait-il être
« autrement : les idées religieuses dont vous avez
« rempli mon cœur dominent dans mes dis-
« cours, dans mes écrits; on s'aperçoit que ce
« changement a eu lieu pendant mon séjour à
« Bagnères; j'en conviens.

« J'avoue même (vous me l'aviez permis) que
« j'ai connu là un homme d'un talent supérieur,
« dont les grandes et consolantes opinions ont
« touché mon cœur et m'ont ramenée tout à fait
« à Dieu; je ne dis que cela, je n'ajoute point
« quelle est votre foi : c'est sur ce point que je
« vous ai promis le secret. Alors, comme on ne
« suppose pas qu'il puisse en exister d'autres que
« celles connues, on s'imagine tout naturelle-

« ment que c'est vers l'église romaine que vous
« m'avez attirée. Ces soupçons s'appuient encore
« sur les éloges que je donne à la religion catho-
« lique et sur le sujet de mon ouvrage (1) :

« Mais, mon ami, comment pouvais-je empê-
« cher tout cela? Fallait-il ne rien dire de vous?
« Cela était-il possible? Auriez-vous compris que
« j'en eusse la force, et peut-il résulter quelque
« chose de fâcheux d'un sentiment si naturel et
« si tendre? Tout le mal vient de ce que je suis
« trop connue; j'éprouve tous les jours qu'une
« femme gâte bien son sort en sortant de l'obs-
« curité : vous savez bien que, là où il y a de la
« peine, il y a toujours un tort; c'en est un très
« grand pour une femme que d'écrire; on ne
« saurait trop le répéter, ni moi assez le recon-
« naître. Mes moindres démarches sont obser-
« vées, et le blâme qu'on y jette rejaillit sur ce
« qui m'entoure et qui m'est cher.

« Si je ne me hâtais de faire taire ces bruits
« d'abjuration, je nuirais à mes jeunes filles; je
« suis donc décidée, à l'époque de leur première

(1) *Mathilde.*

« communion, de les suivre au temple et de me
« joindre à elles dans toutes les cérémonies de
« notre culte; je leur dois cela, car comment les
« conduirais-je dans la route de la piété, si elles
« ne me voyaient pas y marcher avec elles? Et
« quand je serais leur maîtresse et leur mère,
« quand je serais libre de leur donner d'autres
« pensées, je ne le ferais pas. Il n'appartient pas à
« leur sexe, ni à leur âge, de rejeter l'appui qui a
« soutenu tant de générations. L'esprit d'innova-
« tion, si dangereux parmi les hommes, est sans
« excuse pour les femmes; et les jeunes filles
« qu'on verrait élevées dans cet esprit-là seraient
« jugées avec une grande sévérité.

« Mon ami, depuis que je pratique, autant
« qu'il m'est possible, le devoir de mère, je sens
« presque que ce sera une nécessité, une loi
« impérieuse pour moi de ne pas adopter haute-
« ment vos idées, jusqu'au moment du moins où
« elles seront adoptées généralement. C'est sur-
« tout pour les femmes que c'est un devoir de
« première nécessité de croire à la foi de leurs
« pères et de ne pas la changer contre la foi d'un
« seul homme. Que d'abus si on lui donnait une

« pareille licence! Mon ami, dois-je en donner
« l'exemple, je vous le demande, moi malheu-
« reusement trop connue par mes ouvrages et
« presque mère de famille?...

« Oui, guidez-moi encore en cette occasion;
« votre livre, étant ce que nous le croyons tous
« les deux, n'a pas besoin de ma faible voix pour
« frapper, éclairer, persuader... Je ne sais si je
« m'exagère mes devoirs, mais il me semble
« qu'en cette occasion le mieux sera de me taire;
« je m'enorgueillirai hautement du titre de votre
« amie, de votre caractère, de vos talents, j'en
« dirai ce que j'en penserai, mais, quant à la nou-
« velle croyance que vous propagerez, je gar-
« derai le silence et, pour dire qu'elle est mienne,
« j'attendrai, je crois, que la grande majorité des
« hommes s'écrie : Elle est aussi la nôtre.

« Mon ami, je vous en prie, réfléchissez à ce
« que je vous dis là, regardez quelle est ma posi-
« tion et dites-moi ce que vous pensez que je
« dois faire. J'ai une telle confiance en votre
« raison, votre probité et votre désintéressement,
« que ce que vous jugerez être bon, sera certai-
« nement ce qu'il y aura de meilleur à faire. »

Cette déclaration sincère, malgré qu'elle lui demande encore, avec déférence, son avis sur un sujet qui le touchait aussi personnellement, ne dut pas être très agréable à son ancienne idole. Car son orgueil ne lui permettait pas la pensée qu'il pût être lâché à son tour. D'ailleurs, cette femme était d'une nature trop bonne et trop généreuse pour l'avoir eue elle-même. Sa conscience seule avait parlé.

Le solitaire des Pyrénées eut l'attitude la plus correcte vis-à-vis des deux cousines, et Mme Cottin l'en remercia en lui étant utile. Elle lui fit faire la connaissance du sénateur Garnier, qui le mit en rapport avec des savants, comme Lacépède, Valentin Haüy, Cuvier qui l'accueillirent avec bienveillance. Il n'en fut pas de même de Laplace, dont il se fit presque un ennemi.

Le sort continua du reste à le ballotter entre la bonne et la mauvaise fortune, sans doute par *compensation*. Il se vit réduit à accepter une situation de maître d'études à Saint-Cyr, où il fit la connaissance d'une veuve avec deux enfants, Mme Berton, qu'il épousa en 1808, et présenta à Mme Jauge et Mme Verdeir, regrettant, écrivait-il à cette dernière, que la chère disparue n'ait pu la connaître et l'aimer.

Revenu à Paris, il publia son grand travail : *Des compensations dans les destinées humaines*, qui le mit en bon rang parmi les écrivains du moment.

« L'être, dit-il, qui dès le premier moment de son existence a été environné du plus grand nombre de biens et d'avantages, est celui qui a fait les acquisitions les plus nombreuses, qui a été formé avec le plus de perfection et d'étendue, qui, pour cette raison, a eu le plus de bonheur et de plaisir. Sa destruction doit être plus abondante en regrets et en souffrances. Les opérations de cette puissance cruelle sont en lui, non seulement plus multipliées, mais plus vivement senties... Ainsi, le malheur de cet être privilégié a deux causes d'intensité plus forte, et ces deux causes sont exactement celles qui avaient rendu son bonheur plus étendu et plus parfait. Cette loi de succession de retour d'équilibre embrasse nécessairement ce qui, n'étant pas éternel, s'accroît, s'arrête, se dégrade, se détruit. Ainsi le sort des sociétés humaines est figuré par le sort des individus. Pour l'observateur attentif et impartial, la loi des compensations est la clef de l'histoire. »

La deuxième édition est accompagnée de deux volumes d'application de sa doctrine à des situations imaginées par Mme Azaïs. Aujourd'hui, elles paraissent bien enfantines.

Étant tombé malade, il alla se remettre à Versailles, où il eut une première fille. Envoyé comme inspecteur de librairie à Avignon, il y publia un autre ouvrage philosophique : *le Système universel*, puis il alla à Nancy où il eut une autre fille. De retour à Paris, et toujours dans la gêne, il fit paraître *le Manuel du philosophe* et *l'Ami des enfants*, en collaboration avec sa femme. Tout cela lui rapporta de l'honneur, mais peu d'argent. Aussi, la pension de six mille francs que lui fit accorder le duc Decaze, à la prière de Mme de Staël de Broglie, fut-elle la bienvenue; mais ses opinions bonapartistes lui nuisaient; on la lui retira. Alors, il écrivit sans succès des lettres et des mémoires à Chateaubriand et aux principaux hommes politiques du moment. Il voulut enseigner la philosophie générale à l'Athénée et fit aussi chez lui des cours très fréquentés.

Bref, il dut trouver que la destinée n'avait
guère favorisé ses magnifiques conceptions. Au
demeurant, c'était un homme fort doux, qui, en
fait de « disciples pour contempler sa vie », écrivait-il modestement, dut se contenter de ses deux
filles, auxquelles il donna de tendres soins, inspirés par Jean-Jacques.

« C'est moi qui me charge de cette chère aînée,
« toute la nuit et une partie du jour, disait-il dans
« son journal. En ce moment, neuf heures, elle
« dort dans son lit, près du mien; je vais travail-
« ler une ou deux heures auprès d'elle; ensuite
« je me coucherai, après l'avoir souvent regardée,
« admirée et lui avoir fait doucement un baiser.
« Au point du jour, elle demandera à déjeuner;
« après une demi-heure de caresses, de folies,
« de chansons, d'histoires, ensemble nous nous
« lèverons, etc. »

Voici le portrait de la femme idéale, telle qu'il
la concevait; on a dit que c'était celui de Mme de
Rivière; mais ce pourrait être aussi l'image de
Mme Cottin. « Une femme, pour être intéressante,
« n'a pas besoin d'être belle et jolie; il vaut peut-
« être mieux qu'elle ne possède que modérément

« ces avantages. Il est plus nécessaire qu'elle ait
« le regard bien doux, le son de voix mélodieux
« et tendre. Il est bon que la position de sa tête,
« que son maintien et sa démarche aient à la fois
« de la grâce, de l'abandon et même un peu de
« mollesse. Sa bouche doit sourire, et ses yeux
« s'entendre avec sa bouche pour y représenter la
« sensibilité et quelquefois la tristesse. Elle doit
« parler peu, sans trop de vivacité, sans force,
« sans imaginations saillantes et animées, mais
« avec sentiment et facilité. Lorsqu'elle se tait, on
« doit supposer, non qu'elle médite, mais qu'un
« doux souvenir l'intéresse ou qu'une peine l'af-
« flige; elle doit attendrir avant d'émouvoir, et,
« quand elle a ému, elle doit encore attendrir. »

Au mois de novembre de la même année, 1805,
Mme Cottin répondait à Mme de Pastoret, qui lui
avait sans doute demandé d'écrire un roman pour
prouver que l'homme a tort de se plaindre de la
destinée, alors que la source du bonheur est en
lui, dans la manière dont il envisage les événements et dont il les supporte :

« Votre indulgence me touche, Madame, mais
« ne m'enhardit pas jusqu'à me croire capable

« d'entreprendre l'ouvrage dont vous me parlez.
« Ce serait une belle tâche à remplir que de
« prouver aux hommes combien le bonheur est
« facile, mais d'autres l'ont dit avant moi beau-
« coup mieux que je ne saurais le faire : ils n'ont
« persuadé personne. Quelle présomption ne
« faudrait-il pas pour espérer réussir, et, sans
« espérance, il n'y a pas de courage. D'ailleurs,
« je vous l'avoue, il est certaines pensées qu'on
« aime, que l'on révère si profondément, qu'on
« croirait faire une profanation en disant tout le
« bonheur qu'elles donnent, lorsqu'on est presque
« sûr qu'on ne vous croira pas.

« J'ajouterai que plus je réfléchis sur ce sujet,
« plus il me semble que Dieu a donné aux
« femmes la mission de prêcher les vertus simples
« et le modeste bonheur par leur exemple,
« bien plus que par leurs écrits. La vie d'une
« femme doit être toute de pratique, et quelque
« bonnes que soient les choses qu'elle écrit, il
« vaudrait encore mieux qu'elle les fît. Voilà ce
« qu'on dira à celle qui se hasardera à donner
« des conseils de morale; voilà ce qui arrêtera
« mon courage pour traiter ce sujet, lors même

« que je croirais en avoir le talent; mais je ne l'ai
« point, et comme, en ce genre, il faut bien dire
« ou se taire, je me tairai.

« Vous êtes sans doute à Paris maintenant,
« Madame; ma cousine se prépare à y retourner
« bientôt et je la suivrai de près. Paris me fatigue,
« m'épouvante, mais je vous y retrouverai, et cela
« me raccommode un peu avec lui.

« Adieu, Madame, conservez-moi, je vous prie,
« votre intérêt, votre indulgence, votre amitié.
« Tous ces biens, auxquels vous m'avez accoutu-
« mée, sont si nécessaires à mon cœur qu'il les
« regarde presque comme un droit. Peut-être, un
« jour, nos destinées me permettront de vous
« montrer le prix que j'y attache et la vérité des
« sentiments que vous m'avez inspirés. Un cœur
« innocent ne vieillit point et je crois que c'est la
« récompense d'avoir su bien aimer, que d'aimer
« de plus en plus, en avançant vers la mort. »

« Guibeville, lundi, 4 novembre 1805.

« Je rouvre ma lettre, Madame, pour dire tous
« mes regrets. J'apprends que vous êtes venue à

« Champlan avec M. de l'Etang; j'en étais partie
« la veille pour venir ici, chez ma belle-mère,
« passer une quinzaine de jours; c'est vraiment
« une peine bien sensible pour moi que d'avoir
« perdu le plaisir de vous voir; ma cousine en
« est également désolée. Nous n'avions pas besoin
« qu'il fût si rare pour en sentir tout le prix et,
« dans cette triste saison, il n'y a point d'espoir
« de le retrouver.

« Veuillez, madame, recevoir et faire agréer
« tous nos regrets à M. de l'Etang; ils sont plus
« vifs que je ne puis vous dire. »

Est-ce à ce moment que Mme Verdier, de
retour à Champlan avant sa cousine, reçut la
visite de Chateaubriand, que Mme Cottin avait
dû rencontrer chez Mme de Pastoret?...

Durant l'automne de 1806, Mme Cottin, toujours dévouée, consentit à accompagner en Italie
une de ses parentes par alliance, la seconde femme
de son cousin Lemarcis, Mlle de Beltrux, qui se
trouvait être la nièce du sénateur Garnier. Cette
jeune femme était affligée, malade, et le rôle de
compagne de route ne devait pas toujours être
très facile auprès d'elle, contre-balançant ainsi le

plaisir de Mme Cottin à faire un voyage aussi intéressant que rare à cette époque.

Il lui donna l'occasion de décrire des endroits merveilleux, avec cette poésie simple qui est un des charmes de son talent épistolaire.

Voici ce qu'elle écrivait sur ce site délicieux qui attire aujourd'hui tant d'admirateurs :

« De Sesto, sur le bord du Tessin,
24 septembre 1806.

« Il y avait jadis un rocher inculte et aban-
« donné au milieu du lac Majeur; un des aïeux
« de la famille Borromée le vit et conçut la char-
« mante idée de lui donner la vie. Il fit cons-
« truire sur toute l'étendue de cette plage stérile
« une voûte immense. Des terres, transportées de la
« côte voisine, la recouvrirent entièrement. Il posa,
« du côté du nord, le fondement d'un magnifique
« palais; il entoura l'île d'une galerie et bâtit une
« terrasse. Au-dessus de la terrasse, il fit faire une
« autre voûte qui fut encore recouverte de terre,
« et en porta une autre, ainsi de suite jusqu'à dix.
« Quand ce bel amphithéâtre fut achevé, il

« songea à l'orner et le décora de citronniers,
« d'orangers et de cédrats. D'âge en âge, ses des-
« cendants, héritant de son amour pour cette
« jeune merveille, mirent tous leurs soins à l'em-
« bellir. L'un fit incruster les murs des terrasses
« en cailloux de diverses couleurs, pour former
« des mosaïques; l'autre y prodigua les statues;
« celui-ci jeta dans le palais des trésors de pein-
« ture, de dorure, de glaces et de magnificence;
« celui-là arrangeait, au-dessous des apparte-
« ments, dix salles en coquillages formant des
« colonnes avec leurs fûts et leurs chapiteaux,
« des corniches ornées de guirlandes rattachées
« avec de grandes rosaces, des planchers faits
« avec des cailloux si jolis et si petits, qu'ils
« étaient aussi agréables à l'œil que doux aux
« pieds, et des plafonds si artistement incrustés
« qu'ils semblaient peints.

« Tandis que la famille Borromée n'épargnait
« ni ses richesses, ni ses soins pour l'île favorite,
« la terre faisait aussi beaucoup pour elle. Les
« orangers s'élevaient, gros comme des tilleuls, et
« formaient des allées sombres et parfumées, les
« citronniers tapissaient les murs des terrasses de

« leur feuillage toujours vert et de leurs magni-
« fiques pommes d'or. Des bosquets de lauriers
« roses, des buissons de jasmin d'Espagne se
« mariaient ensemble au bord de l'eau, tout enfin
« contribuait à l'embellissement de ce séjour
« enchanté. Les plus habiles ouvriers embellis-
« saient le velours et le satin de superbes bro-
« deries d'or et de soie; Raphaël envoyait ses
« tableaux; Michel-Ange ses statues; le goût se
« chargeait de les placer.

« Alors l'île prit de son créateur le nom de
« Borromée et, de l'admiration de tous ceux qui
« la voyaient, celui d'Isola Bella. »

Le 26 septembre, elle écrit de Milan au sénateur Garnier, pour lui donner des nouvelles de la
malade.

« Vos lettres sont si bonnes, Monsieur, et me
« font tant de plaisir, que je n'ai pas le courage
« de vous les reprocher. Je veux seulement que
« vous sachiez qu'en vous promettant de vous
« écrire, je ne songeais pas avoir de réponse et
« que, pour vouloir vous faire plaisir, je ne pré-
« tendais pas vous imposer une peine. Si ce n'en
« est pas une, tant mieux; je suis prête à le

« croire, car j'en ai beaucoup d'envie, je vous
« l'avoue, et vous savez que rien n'aide la foi
« comme le désir qu'on a de croire. Vous êtes
« pour moi d'une bonté qui me va au cœur, et
« ce n'est peut-être pas sans un peu d'émotion
« que je vous vois prêt à m'accorder cette amitié
« que vous savez si bien sentir, cette amitié que
« je n'ai vue dans le cœur d'aucun homme
« comme dans le vôtre, si vive, si pure, si cons-
« tante.

« Cette chère Mélanie, qui mérite si bien d'en
« être l'objet, et à laquelle il faut me féliciter et
« non me louer de rendre des soins, cette chère
« Mélanie n'est pas entièrement comme je vou-
« drais qu'elle fût. Sa santé se ranime bien un
« peu, mais pas à proportion de l'effort qu'elle
« fait, et, pour un sacrifice comme le sien, une
« santé parfaite serait tout au plus justice. Sa tris-
« tesse est la même dans le fond, et son impa-
« tience de retourner à Paris n'a pas diminué un
« instant. Elle a cru que Rome lui ferait prolon
« ger son voyage avec un sentiment de plaisir et,
« aussitôt, je me suis mise à crier : Rome, Rome,
« et à l'encourager à aller chercher des souvenirs

« qui la distrairaient, peut-être, de ses autres sou-
« venirs.

« Mais tous mes discours et mes peintures
« n'ont pu réussir à prolonger son désir plus
« d'un jour. Elle s'est mise de nouveau à crier :
« Paris, et alors je lui ai représenté qu'il fallait du
« moins aller jusqu'à Venise, selon notre premier
« projet, que ce serait le terme de nos courses et
« qu'elle aurait du moins le plaisir, en y entrant,
« de pouvoir se dire qu'elle n'en sortirait que
« pour reprendre la route de Paris. Sous ce rap-
« port, l'idée de Venise lui a souri, oui, en vérité,
« sous ce rapport uniquement, et en entrant à
« Venise, en voyant pour la première fois cette
« grande et extraordinaire ville, je suis sûre que
« son plus grand plaisir sera de pouvoir se dire :
« je n'irai pas plus loin.

« Dites-moi donc, Monsieur, ce qu'on peut
« faire de ces cœurs, si constants dans leur ten-
« dresse qu'on ne peut jamais les en distraire
« un moment. C'est en vain que la nature leur
« prodigue ses plus beaux spectacles, ses mon-
« tagnes et ses lacs, sans qu'un pauvre petit élan
« d'admiration ou d'enthousiasme puisse les arra-

« cher une minute à l'objet qui les occupe.
« Toutes les facultés de Mélanie sont fixées dans
« son cœur, et une imagination vive, qui serait
« une ressource pour une autre, est chez elle un
« mal de plus, parce que cette imagination ne
« s'éveille et ne s'anime que pour les choses qui
« touchent le cœur et non pour celles qui
« frappent les sens et qui parlent à l'esprit.

« Ainsi, elle sera dans une activité continuelle
« pour créer des images de malheur, de crainte
« et de larmes, et ne se laisserait point fixer par
« un bel aspect, ni absorber par la discussion
« d'opinions intéressantes. Elle verra bien l'un et
« parlera bien de l'autre, très bien même, mais,
« au fond de l'âme, il y aura toujours une pensée
« secrète qui sera ailleurs et qui la dévorera sans
« cesse, sans laisser ce tendre et pauvre cœur res-
« pirer un moment en paix.

« Je suis si malheureuse de la voir ainsi, que,
« tout en convenant que la cause de son mal
« tient à la plus rare et à la plus aimable des
« qualités, j'aimerais mieux la voir moins par-
« faite et mieux portante, quitte à gâter son
« charmant caractère. Je voudrais lui donner

« quelques-uns de mes défauts, un peu de cette
« mobilité à l'aide de laquelle on échappe à la
« peine et on supporte la vie. Mais les mauvais
« exemples ne prennent pas sur cette femme-là,
« et j'ai beau, cent fois par jour, changer d'humeur
« et de caractère, elle garde toujours le sien. »
Au même :

« De Venise, le 4 octobre 1806.

« Cette lettre, commencée et interrompue cent
« fois, sera cependant, je l'espère, finie et envoyée
« de Venise. Nous y sommes arrivées hier; elle
« m'a presque fait mourir de surprise. Je dépense
« une si grande quantité d'attention à la regarder
« et à la comprendre, que j'en suis fatiguée
« aujourd'hui.

« Lorsque nous nous sommes embarquées,
« hier, Mélanie et moi, nous nous sommes assises
« hors de la gondole, pour apercevoir plus tôt
« cette extraordinaire Venise, et quand elle m'est
« apparue tout à coup, sortant du sein de la vaste
« mer, avec ses palais, ses clochers et ses dômes,
« elle nous a frappées d'une surprise aussi vive
« que si nous n'avions jamais entendu parler

« d'elle. C'était plus que nous ne pouvions croire,
« et cependant, comment ne pas croire ce qu'on
« voit? Mon étonnement dure encore, et mon
« imagination ne peut comprendre comment,
« quand il reste un peu de place sur la terre, on
« vient bâtir une ville sur la mer. Quels motifs
« ont pu engager tant d'hommes à apporter des
« carrières de pierre et de marbre pour orner
« avec tant de magnificence de stériles rochers,
« où jamais leurs yeux ne peuvent être réjouis
« par des bocages, ni leurs oreilles entendre un
« chant d'oiseau?

« Mais je vous ennuie avec mes surprises et
« mes réflexions; il vaut mieux vous dire que
« Mélanie est sensiblement mieux, qu'il me
« semble encore qu'elle engraisse, que les bonnes
« nouvelles de son fils lui donnent enfin un peu
« de paix, et qu'elle est d'autant plus heureuse, ce
« matin, que la même lettre qui lui apprend que
« Gustave a vingt dents, a fixé ses incertitudes
« sur le voyage de Rome. Son mari ne l'ap-
« prouve pas et nous respirons plus à notre aise,
« depuis que cette opinion sacrée a fait taire le
« remords d'être à six journées de Rome et de

« partir sans l'avoir vue. Pour moi, je me soucie
« peu de Rome, je ne vis et n'existe dans ce
« voyage que par le consentement de ma chère
« Mélanie; le moindre de ses sourires me fait
« plus de plaisir que Rome et sa cathédrale et
« son Capitole et son Panthéon. Les plus belles
« pierres nous disent si peu de chose et le bon-
« heur d'un ami nous dit tant!

« Ma chère Mélanie pense souvent à vous et
« vous aime beaucoup. Quand elle raconte les
« joies du cœur, le nom de son enfant et celui de
« son mari sont les premiers qu'elle prononce,
« mais le vôtre n'est jamais oublié. Conservez-lui
« toujours une amitié qui lui est si chère, et, s'il
« ne vous faut que mon aveu pour que vous don-
« niez ce nom à l'intérêt que j'ai le bonheur de
« vous inspirer, je vous le donne, Monsieur, et
« je regrette seulement qu'à la distance où je suis,
« il soit si longtemps à vous parvenir. »

Le même jour, elle écrivait à Julie Verdier :

« Je voulais te parler de Padoue, qui est la plus
« ancienne ville de l'Italie, où reposent les tom-
« beaux de Tite-Live et de Plutarque; je voulais
« te parler de Vicence et de son magnifique

« théâtre Olympique, de ce ciel d'Italie qui s'em-
« bellit de plus en plus, à mesure qu'on s'avance
« vers le midi, mais j'ai vu Venise, et je ne peux
« plus te parler que d'elle. Venise, qu'on s'attend
« à trouver si extraordinaire, et qui surpasse
« toutes les surprises, qui confond toutes les pen-
« sées, qui trouble toutes les habitudes, Venise
« qui semble être sortie toute bâtie du sein de la
« mer, car on ne peut comprendre comment des
« bateaux ont pu suffire à apporter tant de
« pierres, tant de marbres, tant de trésors. Et
« pourquoi les apporter? La terre n'avait-elle plus
« de place, et les hommes étaient-ils réduits à
« venir créer sur l'eau un nouveau monde?

« Il y a quelque chose de si bizarre et de si
« grand dans la pensée de celui qui conçut l'idée
« d'une telle ville, qu'on ne comprend pas qu'il
« ait pu trouver tant d'autres hommes qui aient
« pensé comme lui.

« Venise n'est pas au milieu d'un marais
« comme on le prétend, mais au milieu de la
« vaste mer; on dirait que c'est la cité de Nep-
« tune et que les Tritons la soutiennent sur leurs
« épaules. Nous logeons sur ce que l'on appelle

« le Grand Canal : c'est une rue liquide, large
« deux fois comme la rue Royale; elle est cou-
« verte de gondoles qui vont et viennent avec un
« grand mouvement et en même temps un grand
« silence. On ne se figure pas quel bruit il y a
« de moins dans une ville où il ne passe jamais
« ni un carrosse, ni une charrette, ni un cheval.
« On prétend que Venise est une ville fort triste,
« cela peut être à la longue, mais il n'y en a pas
« de plus amusante le premier jour; tout y est si
« différent de ce qu'on a vu toute sa vie, qu'on
« n'a pas assez d'yeux pour la regarder.

« Hier, en arrivant, j'éprouvais presque de la
« douleur d'un étonnement qui semblait au-
« dessus de mes forces, car, en donnant tout ce
« que je possède de facultés et d'attention, j'en
« donnais moins encore que l'objet n'en deman-
« dait. Cette pleine mer, au milieu de laquelle
« sort une ville, puis, un peu plus loin, des maga-
« sins, ensuite des lazarets, puis des barrières,
« tout cela séparé l'un de l'autre par cette mer;
« cette ville où tout abonde et où il faut tout
« apporter, ces habitants dont la plupart n'ont
« jamais vu un champ, un arbre, une prairie; ce

« lieu où jamais un ruisseau d'eau douce n'a
« coulé, et où des palais superbes élèvent leurs
« mille colonnes de marbre jusqu'au ciel, enfin
« cette réunion de deux cent mille hommes qui
« font avec de l'eau et des barques tout ce qu'on
« fait ailleurs avec de la terre et des voitures
« tout cela saisit la pensée, frappe l'imagination
« et prouve que rien n'est impossible à un tra-
« vail obstinément soutenu par une volonte
« ferme. »

Trois jours après, le 7 octobre, c'est à Mme de
Pastoret qu'elle écrit :

« Depuis que je suis en voyage, Madame, j'ai
« songé bien souvent à répondre à l'excellente
« lettre que vous m'avez écrite avant mon départ,
« pour vous exprimer combien j'avais été tou-
« chée de toute l'amitié qu'elle renfermait; mais
« nous avons mené une vie si errante que je n'ai
« eu de temps que ce qu'il fallait pour écrire à
« ma cousine. A peine arrivée dans une auberge,
« je lui donnais de mes nouvelles, avant de son-
« ger à autre chose; mais, ensuite, il fallait bien
« songer au repos, car c'est une vie très fatigante
« que de ne se reposer jamais. Au reste, je suis

« loin de m'en plaindre, puisqu'elle réussit à
« Mme Lemarcis. Cette santé si précieuse, et qui
« nous a arrachées toutes deux à nos plus chères
« affections, est sensiblement mieux depuis que
« nous respirons l'air de l'Italie.

« Peut-être devrions-nous prolonger ici notre
« séjour et passer même l'hiver dans un climat
« favorable; je m'y serais décidée, si Mme Lemar-
« cis avait pu y consentir; mais ce que l'amie a
« proposé, la mère n'a pas pu le faire. Elle est
« persuadée que la joie de revoir son fils lui fera
« plus de bien que tous les beaux ciels du monde
« et nous n'irons pas plus loin que Venise.

« Nous avons été, un moment, sur le point de
« partir pour Florence et Rome, et il était assez
« naturel qu'étant si près de ces superbes villes,
« nous ne quittassions pas l'Italie sans les avoir
« vues; mais, au milieu de tant de merveilles,
« Mme Lemarcis n'a songé qu'à son enfant et
« moi qu'à sa santé. Devant de tels intérêts, celui
« de Rome est bien léger, et quand j'ai vu que
« cet éloignement, ajouté à celui où nous sommes
« déjà, pesait trop cruellement sur le cœur de la
« pauvre mère, j'ai trouvé que Rome et tous les

« édifices et tous ses souvenirs ne valaient pas la
« peine du sacrifice, et nous allons nous rappro-
« cher de ce que nous aimons, ce qui vaut infi-
« niment mieux que de se rapprocher de tout ce
« qui reste de plus grand sur la terre. C'est beau-
« coup d'avoir vu Venise; Rome m'eût peut-être
« moins étonnée. Rome, par ses monuments et
« ses ruines, est le chef-d'œuvre de l'homme,
« mais, à Venise, il y a plus que l'homme.

« Je croyais, en traversant le Simplon, avoir vu
« tout ce que l'intelligence humaine peut vaincre
« d'obstacles et surmonter de barrières; cette su-
« perbe route élevée au-dessus des plus effroyables
« précipices m'avait paru le dernier effort de
« l'audace et du génie et la plus grande victoire
« que l'homme eût pu remporter sur la nature.
« Mais si c'est lui qui a fait Venise, il a fait bien
« plus encore, et pour concevoir la pensée de
« bâtir une telle ville sur la mer, sans avoir que
« des bras humains pour s'aider dans cette entre-
« prise, il faut être bien persuadé que Dieu, en
« donnant pour toute force à une créature si
« faible que l'homme, un peu de son intelligence,
« l'avait élevé au-dessus de tout.

« J'espère être de retour à Champlan à la fin
« de novembre et y passer une partie de l'hiver,
« avec mon amie et ses enfants. Après avoir été
« si longtemps loin d'eux, j'ai besoin de les voir
« à mon aise et je trouve qu'à Paris, même en
« demeurant avec ses amis, on ne les voit jamais
« assez. Conservez-moi votre amitié, Madame;
« j'y tiens comme à un de ces biens auxquels le
« temps ajoute chaque jour plus de force et
« plus de charmes; et ceux-là sont rares sur la
« terre.

« J'ai le plaisir de parler souvent de vous, ici,
« avec un homme très aimable et qui vous est
« très attaché, c'est M. de Prony (1), et ce n'est pas
« son moindre mérite à mes yeux, que de savoir
« si bien vous connaître et vous apprécier. »

Pendant le mois de novembre que Mme Cottin passa à Rome, malgré les raisons sentimentales qu'elle venait de donner pour préférer y renoncer, le bruit lui parvint qu'Azaïs allait faire un cours de philosophie. Elle fut prise de scrupules, même de terreur, en pensant qu'il allait

(1) Ingénieur et mathématicien de 1755 à 1839.

exposer une doctrine qui reposait sur des bases aussi chimériques. Elle lui écrivit donc pour tâcher de le dissuader, et ce combat, contre les idées qui avaient d'abord fait son admiration, montre à quel point elle était revenue de ce premier emballement.

« Rome, 22 novembre.

« J'apprends que vous allez faire un cours
« public, mon ami, et je vous avoue que je l'ap-
« prends avec peine; mon profond attachement
« pour vous ne me permet pas de me taire plus
« longtemps, et dussé-je vous affliger en vous
« ouvrant mon cœur, je vous ferai moins de mal
« que je ne vous en ai fait par mon fol enthou-
« siasme et mes éloges inconsidérés, durant l'an-
« née que j'ai passée à Bagnères.

« Il est vrai, mon ami, dans ce temps j'avais
« adopté toutes vos opinions, je croyais à la
« vérité de votre système. Sur votre seule auto-
« rité, j'avais rejeté la pure lumière qui depuis
« près de vingt siècles éclaire le monde et les
« hommes qui ont montré le plus de génie et de
« vertus; dans mon orgueilleuse présomption, je

« crus que je pouvais tout juger; dans mon pro-
« fond aveuglement je sentis que je pouvais tout
« croire : éblouie par cette fausse lumière que
« vous me présentiez, je laissai égarer mon juge-
« ment et, par les continuelles louanges que je ne
« cessais de vous prodiguer, j'égarai le vôtre
« encore davantage.

« Ah! mon ami, quel mal je vous ai fait, quel
« mal irréparable, peut-être, en vous plaçant au-
« dessus de tous les hommes, en vous peignant
« à vous-même comme un génie qui allait chan-
« ger l'ordre du monde, en vous présentant
« comme un trône de gloire, en faisant briller à
« vos yeux tous les rayons qui devaient l'environ-
« ner. Voilà pourtant ce que j'ai dit, ce que j'ai
« fait, dépouillant cette humble défiance, cette
« sage réserve, véritable trésor de mon sexe. Je
« vous ai excité, encouragé dans vos erreurs;
« sans moi, vous auriez conservé plus de doute,
« vous seriez venu avec moins d'assurance,
« vous auriez consulté avant de publier; ne vous
« voyant approuvé de personne, vous n'auriez
« plus été si sûr de vous, et, peut-être, vous
« seriez-vous arrêté à temps.

« Quand je considère que ce mal-là, c'est moi
« qui vous l'ai fait en partie, mon âme se trouble,
« s'épouvante et cherche en vain comment elle
« pourrait réparer les effets de son imprudence;
« car s'il m'a été facile de vous enfoncer dans
« l'erreur, je sens que ce n'est pas à moi qu'il
« appartient de vous ramener à la vérité : ce serait
« un trop grand bonheur et je ne l'ai pas mérité.
« Mais néanmoins je parlerai, et devant votre
« intérêt, l'impossibilité même de réussir ne doit
« pas m'arrêter.

« Mon ami, se peut-il que le repoussement
« général qu'éprouve votre système, n'élève dans
« votre esprit que des pensées d'ennemis et d'en-
« vieux, et jamais celle que vous pouvez être
« dans l'erreur! Quoi, vous préférez croire qu'il
« n'y a parmi les personnes en état de vous
« juger, ni bonne foi, ni honnêteté, que de soup-
« çonner la faiblesse de vos vues et de votre
« jugement! C'est un bien léger malheur que de
« vous être trompé, c'en serait un bien plus
« grand que de croire que, parmi les hommes
« instruits, il n'y a pas un seul homme de bien.

« Je conçois que vous puissiez être fier de ce

« que vous croyez avoir fait; mais, mon ami, qu'il
« y aurait plus de véritable grandeur à renoncer
« à un faux système qui a occupé les plus belles
« années de votre vie, qu'il n'y en aurait eu à le
« créer, même en le supposant vrai! Avoir la force
« de reconnaître son erreur, sacrifier l'illusion
« qu'on a le plus chérie, sourire à la gloire qu'on
« perd et consentir à se remettre au rang de tous
« les hommes, après avoir cru longtemps qu'on
« devait s'élever au-dessus de tous, voilà ce qui
« demande plus que du génie. Cet acte de vertu
« et d'humilité n'appartient qu'à la plus belle
« âme : c'est celui de Fénelon brûlant son livre
« que Rome avait condamné, c'est celui que j'at-
« tends de vous un jour.

« Peut-être, ces paroles vont-elles vous désoler,
« et vous avez encore trop d'espérance pour vous
« résoudre à les abandonner; mais, je vous le
« demande en grâce, avant de vous engager plus
« avant, arrêtez-vous un moment, réfléchissez à
« tout ce qui s'est passé depuis que vous êtes à
« Paris; beaucoup de personnes se sont intéres-
« sées à vous, toutes ont rejeté votre système. On
« parle avec estime de votre caractère et avec

« défaveur de votre ouvrage : on s'afflige, on se
« désole de ne pouvoir les séparer. Si c'était
« l'envie ou la haine qui indisposassent contre
« votre livre, pourquoi ferait-on l'éloge de votre
« cœur, pourquoi vous aimerait-on ?

« Je reçois plusieurs lettres de Paris, toutes de
« différents côtés, et toutes disant la même chose.
« On vous reconnaît de l'esprit, du talent et des
« moyens d'employer utilement et honorable-
« ment votre vie, et on voit avec chagrin que
« l'objet auquel vous les appliquez va vous les
« faire perdre et changer l'estime à laquelle vous
« pouviez prétendre en une stérile pitié pour vos
« erreurs.

« Ah! mon ami, il est temps encore, abandon-
« nez vos nobles rêveries, fruits d'une âme belle
« et grande sans doute, mais qu'un jugement,
« que la solitude et une imagination trop ardente
« ont égarée. Pardonnez à celle qui se trompa
« comme vous, de vous conjurer de revenir
« comme elle; vous ne savez pas la profonde
« douleur que lui cause la situation où elle vous
« voit, et comme, au prix de ses larmes et de son
« sang, elle voudrait vous en arracher. Il lui

« semble vous voir marcher vers un abîme, et
« chaque pas que vous faites vers lui éveille un
« remords dans son cœur, comme si c'était elle
« qui vous y eût poussé.

« Ah, souvenez-vous combien vous m'avez dit
« souvent qu'avant de publier vos pensées, vous
« les soumettriez à l'approbation des gens ins-
« truits et que ce n'est qu'autant qu'ils les trouve-
« raient justes, que vous les mettriez au jour.
« Dites-moi un homme, un seul homme qu'elles
« aient, je ne dis pas persuadé, mais séduit un
« moment, et je vous donne ma parole de ne plus
« faire aucun effort pour vous empêcher de pour-
« suivre votre chemin.

« Ma lettre ne vous arrivera que quand votre
« cours sera commencé, et je sais bien que, quand
« elle serait arrivée avant, elle n'y aurait pas mis
« obstacle. Une personne, qui s'est égarée comme
« moi, ne doit pas s'attendre à pouvoir persuader;
« et la vérité en passant par sa bouche perd toute
« son autorité. Ce n'est donc point sur moi que
« je compte, mon ami, mais sur vous dont l'esprit
« est si sain, le jugement si droit, quand vous ne
« les appliquez pas à l'erreur qui vous perd.

« Je n'ose plus rien ajouter; il se peut que je
« vous irrite, il se peut que moins que personne
« je doive prétendre à vous ramener, parce que
« cette voix que vous étiez accoutumé à entendre
« parler comme vous, doit vous blesser plus
« qu'aucune autre quand elle parle différemment.
« Et voilà, sans doute, la punition que Dieu me
« réserve pour le mal que je vous ai fait, c'est de
« n'avoir aucun moyen de le réparer et de voir
« un ami qui m'est si cher risquer de se perdre,
« sans que ma voix puisse l'instruire, ni ma main
« le retenir.

« Mon ami, vous m'avez beaucoup aimée; en
« faveur de ce sentiment, ne ferez-vous rien pour
« moi. Je vous ai rendu trop malheureux, me
« direz-vous. Hé quoi? pour une âme généreuse
« n'est-ce pas une raison de plus, et n'est-ce pas
« en me faisant du bien que vous pouvez vous
« consoler le plus, du tort que je vous ai fait et
« du trouble que j'ai jeté dans votre cœur? Voici
« ce que je hasarde de vous demander : M. D. D...
« est l'homme le plus éclairé, le plus estimable
« et le meilleur que je connaisse; il s'intéresse
« véritablement à vous, laissez-vous guider par

« ses conseils et ne faites aucune démarche qu'il
« pourrait désapprouver.

« Si vous vouliez me répondre, il faudrait
« m'écrire tout de suite, à Turin, chez M. Destor,
« directeur des contributions. Nous comptons
« quitter Rome dans dix ou douze jours, et nous
« serons sans doute à Turin vers le 15 décembre,
« et à la fin du même mois à Paris. Je vous
« reverrai avec le sincère intérêt qui m'attachera
« à vous jusqu'à la fin de ma vie; mais, mon ami,
« si vos idées sur ma croyance me sont toujours
« aussi opposées, il faudra nous interdire de
« causer jamais sur ce sujet. Je ne crains point
« que vos conversations m'ébranlent, mais je ne
« veux point risquer, sans utilité pour vous ni
« pour personne, d'entendre parler avec peu de
« respect de ce que je révère au-dessus de tout.

« Laissez-moi ma foi, elle me rend heureuse;
« elle entre dans mon cœur et s'y attache chaque
« jour davantage; laissez-moi ma paix, mes espé-
« rances, et n'en parlons que quand je pourrai
« espérer les partager avec vous.

« Adieu, je vois avec plaisir que mon amie et
« vous avez appris à vous rendre plus de justice.

« Que mon retour ne trouble pas votre affectueuse
« bienveillance; ne me demandez pas plus que je
« ne puis ni ne veux vous donner; je serai votre
« amie jusqu'à mon dernier jour, mais je ne serai
« jamais que cela.

    « A Monsieur Azaïs. »

Cette courageuse lettre est le pendant de celle
qu'elle lui avait écrite après son retour à Paris, au
risque de le perdre. Ici, elle ne se dissimule pas
qu'elle va le blesser, et quoi de plus pénible vis-à-
vis d'un être que l'on estime, plus encore, que l'on
a aimé? Elle sait aussi que son propre revirement
enlève toute valeur à ses exhortations. Mais elle
sait également que les idées incontestablement
élevées du philosophe, l'ont confirmée dans l'instinct de rattacher son âme à une puissance supérieure. Elles lui ont fait retrouver plus intime-
ment, plus fortement, le Dieu de son enfance; elle
doit le confesser haut et clair, afin de ne pas
laisser entre eux d'équivoque. Et, pour finir, elle
lui renouvelle qu'elle restera son amie et ne sera
plus jamais son disciple. Décidément, cette sentimentale était énergique. On sait que cette lettre

n'eut pas d'effet, puisque ces cours furent très fréquentés.

Azaïs dut en être froissé et l'attribuer, une fois de plus, à l'esprit changeant de l'éternel féminin.

Assurément, il est regrettable de ne pas connaître la contre-partie de cette correspondance. Les lettres d'Azaïs et certaines de Mme de Pastoret eussent été intéressantes, puisqu'elles provoquaient les réponses qu'on a lues. Mais les plus importantes, sans contredit, sont celles émanant de Mme Cottin, où elle montre ses sentiments les plus intimes et nous laisse lire au plus profond de son âme. Les autres lettres n'y ajouteraient rien.

Peu de temps après son retour d'Italie, elle sentit les premières atteintes du mal qui devait l'emporter, car ce ne fut pas la langueur ou le désespoir d'une passion malheureuse, ainsi que certains biographes romanesques l'ont prétendu.

Elle était dans la pleine maturité de l'âge et du talent, et s'occupait d'un ouvrage sur l'éducation. Son intimité avec les filles de Julie Verdier, vivant sous son toit, et auprès desquelles elle avait si souvent joué le rôle de mère, lui donnait tous les

droits de l'expérience pour traiter cette question.
Elle savait comment faire accepter ses conseils,
non seulement par leur à-propos, mais par la douceur et la gaieté qui les accompagnaient. Indulgente et patiente, elle répondait à toutes les questions de ces jeunes cerveaux en éveil. Même
pendant qu'elle écrivait, elle leur permettait de
l'interrompre, les embrassait, les caressait, écoutait leurs doléances, les calmait et, après leur
départ, se remettait au travail, reprenant instan-
tanément le cours de ses idées. Car nous savons
combien elle avait le travail facile.

Elle écrivait en même temps un livre sur le
christianisme, qui devait s'intituler : « La religion
prouvée par le sentiment ». Ce sujet lui convenait mieux qu'à personne; pour elle, le cœur faisait tout comprendre, tout accepter.

Absorbée dans ses pensées religieuses, elle
cherchait à ramener à Dieu un de ses amis, trop
imprégné de philosophie rationaliste (1) :

« Nos esprits vous semblent marcher dans
« une direction si opposée, lui écrit-elle, que

(1) Peut-être Michaud.

« vous ne pouvez expliquer que par la fatalité
« l'amitié qui nous unit l'un à l'autre. Eh bien,
« que diriez-vous, si je vous assurais que j'ai
« maintenant la conviction que nos esprits s'en-
« tendront comme nos cœurs s'entendent aujour-
« d'hui? Soyez bien persuadé que je ne vous
« aimerais pas comme je vous aime, si nous ne
« devions pas finir ainsi.

« D'abord, nous ne sommes pas dans une
« route si opposée que vous le dites, car mes
« idées religieuses vous occupent. Vous les
« repoussez, il est vrai, mais vous y pensez, et
« c'est beaucoup; elles font fermenter votre tête,
« elles agitent votre sang; elles vous irritent, cela
« vaut bien mieux que si vous n'y songiez pas.
« Si je vous voyais, à cet égard, dans l'indifférence
« où je vois certaines personnes, je n'aurais
« aucune espérance et je croirais votre cœur
« mort avant vous.

« Si les idées religieuses mettent dans un tel
« état toutes les facultés de votre âme, c'est parce
« qu'elle a l'instinct que la vérité n'est que là. Ne
« riez pas, je vous prie, et laissez-moi vous parler
« de votre âme, que j'aime parce qu'elle est

« bonne, excellente, pleine de noblesse et de
« chaleur. N'apercevez-vous pas comme elle com-
« bat contre votre esprit, comme elle se révolte
« fièrement contre ce qu'il veut lui persuader?... »
Et dans une autre lettre :

« Je porte en moi-même un calme ravissant,
« une sérénité angélique. Je suis heureuse, je suis
« sûre de l'être toujours, car mon bonheur n'est
« pas dans les événements, il est en moi. J'ai
« appris non seulement à me résigner, mais à
« aimer les peines que Dieu m'envoie. Elles ne
« sont que l'expiation de mes torts et je bénis sa
« justice et sa bonté. Je ne m'enfoncerai jamais
« dans le chaos des sciences, ma piété n'a pas
« besoin de savoir, elle est toute d'amour. »

Elle fut très entourée pendant sa dernière maladie, qu'elle supporta avec résignation et douceur. On lui entendait souvent dire : « Que je
suis heureuse d'avoir de tels amis pour prendre
soin de moi! »

Après trois mois de souffrances qui furent
adoucies par les consolations de la religion, elle
mourut, 124, rue Saint-Lazare, le 15 août 1807,
à l'âge de trente-sept ans. On l'enterra au

Père-Lachaise. Mme Verdier vint l'y rejoindre trente-sept ans après, elle en avait soixante-quinze.

Et, depuis, le silence et l'oubli se firent sur les œuvres de cette femme, qui avaient si fort impressionné la jeunesse d'alors. Il n'est donc peut-être pas inutile d'en rappeler brièvement les sujets.

Claire d'Albe, qui parut en 1798, est mariée à quinze ans à un homme beaucoup plus âgé qu'elle, et vit avec lui à la campagne. Elle en a deux enfants et prend pour de l'amour le sentiment filial qu'elle lui porte, jusqu'au jour où le filleul du mari vient faire un séjour auprès d'eux. Frédéric est tout jeune, un peu fruste; il s'éprend de sa cousine, et celle-ci, après l'avoir repoussé avec horreur, brûle pour lui, à son tour, d'un même amour incendiaire. On les sépare. Mais le mari, plein de noblesse d'ailleurs, a la fâcheuse idée de les tromper sur leur état d'esprit réciproque. Frédéric revient, plein de jalousie; Claire lui dit qu'elle n'a jamais cessé de penser à lui, elle lui cède (fâcheusement aussi, sur la tombe de son père). Il s'enfuit. Elle ne peut survivre à sa honte et meurt le lendemain (1). Les progrès de cet amour au milieu de remords et de rigueurs qui n'aboutissent qu'à plus d'abandon, sont décrits avec beaucoup de vérité.

Dans le roman de *Malvina*, paru en 1800, l'auteur semble se représenter, ou tout au moins ses scrupules d'écrivain, qu'elle met dans la bouche de l'héroïne. Celle-ci est arrivée à vingt-quatre ans sans aimer et s'en croit incapable. Veuve, sans enfants, libre après une vie malheureuse, elle a juré à une amie morte de se consacrer à sa fille et de ne pas se remarier. Elle se retire en Écosse chez une parente, Mrs. Birton, où elle s'éprend de sir Edmond, type du libertin séduisant; ce qui donne à Mme Cottin l'occasion de remarquer que les femmes sérieuses ont toujours un faible pour les mauvais sujets. Tout amoureux qu'il est de Malvina, il séduit, sous ses yeux, une toute jeune fille recueillie dans cette maison avec sa mère, et lorsque Kitty se rend compte qu'il ne l'épousera

---

(1) On peut faire quelques rapprochements entre Frédéric et le jeune cousin Lafargue, qui aima sa tante d'une si violente passion et auquel elle a probablement pensé en traçant le caractère de son héros.

pas, elle s'unit à Mrs. Birton pour accuser la jeune femme de l'en empêcher. De son côté, sir Edmond croit Malvina éprise d'un prêtre un peu ridicule, mais respectable, M. Prior. Il la fuit, s'imagine la haïr et l'adore plus que jamais. Une fièvre met sa vie en danger, il lui faut une garde-malade. Malvina se présente, il ne la reconnaît pas. Elle passe la nuit seule avec lui et il lui dicte ses dernières volontés. Puis il croit la retrouver dans un autre monde. Il est sauvé pourtant, et lorsqu'elle entend dire qu'une émotion lui serait funeste, elle se sacrifie et disparaît.

Bien que les romans de Mme Cottin manquent en général d'observation, celui-ci a des descriptions de la vie de château très exactes.

Amélie Mansfield (1802) nous montre deux enfants élevés ensemble, qu'on espère voir s'épouser plus tard, mais ils se prennent en aversion Le comte Ernest part pour faire son éducation, et lorsqu'il revient, au bout de quinze ans, il tombe amoureux d'Amélie. Mais il est dur, violent, il frappe sa cousine pour s'en faire obéir. Celle-ci rompt avec lui et s'attache à un musicien du nom de Mansfield, qu'elle épouse. Après trois ans

d'une union mal assortie qui la rend très malheureuse, son mari meurt; elle va en Suisse. Survient
un étranger égaré dans la montagne à qui elle
donne l'hospitalité. Il lui témoigne de l'amour,
elle le lui rend, lui cède, et il repart sans s'être
nommé. C'était Ernest qui avait résolu de se ven-
ger d'elle. Cependant il l'aime et tâche de fléchir
sa mère pour qu'elle lui permette de l'épouser.
La baronne de Woldemar hait sa nièce et refuse.
Celle-ci croit Ernest infidèle et part pour Vienne.
Devenue très malade, on la transporte chez la
baronne, qui l'humilie implacablement. Son fils le
lui reproche avec violence. Amélie meurt ainsi
qu'Ernest, et la mère se repent tardivement d'avoir
fait leur malheur.

On reprochait à Mme Cottin de terminer tous
ses livres par une catastrophe. Il paraît que c'était
chez elle un système. « Vous nous faites toujours
assister au convoi de vos héroïnes, lui disait-on.
— Eh! que voulez-vous que j'en fasse? répon-
dait-elle. Après des amours pareilles, mes amoureux, pour ne pas s'ennuyer, n'ont qu'un parti à
prendre : c'est de mourir. »

Mathilde (1805) est son œuvre la plus remarquable. C'est un épisode des Croisades, dont les personnages tout au moins sont historiques, si leurs actions s'éloignent d'une scrupuleuse vérité. Les cinquante premières pages, dues aux indications de Michaud, sont un exposé plein de grandeur et d'exactitude, et le roman a plus d'élévation que les autres, tout en étant aussi passionné. Il s'agit de l'expédition de Philippe-Auguste et de Richard Cœur de Lion, contre Saladin.

Mathilde, sœur de Richard, doit entrer au couvent, mais, avant de se cloîtrer, elle veut voir les Lieux Saints et s'embarque avec Bérengère, femme de Richard. Dès leur arrivée, les chrétiens sont attaqués par les Arabes ayant à leur tête Malek-Adel. Les princesses sont prisonnières, le vainqueur les traite avec égard et s'éprend de Mathilde. Celle-ci, surprise de tant de noblesse et de beauté chez un infidèle, sent qu'elle n'est pas insensible à son amour. Mais c'est un infidèle et elle doit être l'épouse de Dieu. Elle s'en ouvre à l'archevêque Guilhaume de Tyr. Pour lui être agréable, Malek délivre les captifs et s'attire la colère de Saladin, qui ordonne de rendre la liberté à Mathilde. Elle fait partir sa belle-sœur à sa place,

tout en continuant de lutter contre celui qu'elle
aime, car ce sentiment lui fait horreur. Le prince,
au contraire, redouble pour elle de délicatesse et
de dévouement.

Mathilde, cependant, s'échappe avec quelques
chrétiens. Surprise dans le désert par des Bédouins,
Malek paraît, la délivre et l'emporte sur son cheval. Mais ses soldats se mutinent et l'abandonnent,
persuadés que la chrétienne leur portera malheur.
Mathilde, seule avec le héros, laisse voir qu'elle
partage sa passion; mais il faut qu'il se conver-
tisse, il le promet. Un vaisseau se rompt dans sa
poitrine, ils se croient tous deux près de la mort,
lorsqu'on vient à leur secours. Malek ne peut tenir
sa promesse, car changer de religion serait trahir son
souverain. On consulte les évêques, qui déclarent
qu'il doit se faire chrétien. Tout espoir est perdu.

Ce livre a eu un succès colossal; l'imagerie
populaire s'en est emparé; on en a fait des sujets
de pendule, des décorations de vases empire, en
un mot, une vulgarisation flatteuse, comme pour
les tableaux qu'on représente actuellement sur
des tapis, ces orgues de barbarie de la peinture.

Élisabeth ou *les Exilés de Sibérie* (1806) est

plus dépouillé des passions incandescentes qui
sont le fond des autres romans. Ici, il s'agit de
l'amour filial. Élisabeth, auprès de ses parents
exilés en Sibérie et dont le père cache un nom
illustre, prend la résolution d'aller seule à pied à
Pétersbourg, pour demander sa grâce à l'Empereur. Elle voudrait s'aider de la protection du
jeune Smoloff, fils du gouverneur, qui a sauvé la
vie à l'exilé dans une chasse, quelques années
auparavant. Elle le prie de l'attendre dans une
petite chapelle assez isolée. Le jeune homme,
séduit par les charmes de la jeune fille, croit à un
rendez-vous. Mais la retenue d'Élisabeth le dé-
trompe, elle veut seulement un sauf-conduit pour
traverser le pays. Elle fait part de son projet à ses
parents qui sont au désespoir.

Providentiellement, un missionnaire, le Père
Paul, vient leur demander l'hospitalité. Lui aussi
va à Pétersbourg, il accompagnera la jeune
fille. Ils partent et traversent la Sibérie au milieu
des rigueurs de l'hiver, des fatigues du voyage,
de la rudesse des paysans tartares. Le missionnaire tombe malade et meurt; Élisabeth est donc
obligée de poursuivre seule sa route. Elle passe le

Volga parmi les glaces, essuie une tempête; après mille dangers et péripéties, elle arrive dans la capitale, le jour du couronnement du tsar. Elle retrouve le jeune Smoloff, qui l'introduit auprès de l'empereur Alexandre. Le souverain accorde la grâce, la fille dévouée s'évanouit. Au retour, Smoloff avoue au père son amour pour Élisabeth. Celui-ci la lui donne, Élisabeth ne consent qu'à la condition de ne pas quitter ses parents.

La Prise de Jéricho ou la Pécheresse convertie. Poème en prose.

On ne sait pas bien à quelle époque cette œuvre a été publiée; elle a dû être une des premières, sinon la toute première, à en juger par la date à laquelle M. Suard, qui était un homme de goût, l'avait trouvée digne de figurer dans ses Mélanges.

Josué envoie deux lévites, Horam et Issachar, se rendre compte des forces de la ville ennemie. Ils arrivent sur la terre de Chanaan et, près d'une des portes de Jéricho, voient une jeune fille d'une grande beauté. Elle venait puiser de l'eau à la fontaine et leur offre l'hospitalité. Son nom est Rahab, elle a été violée par les prêtres de Baal.

Mais un jour, pendant qu'elle dansait devant l'idole, elle a été frappée de la grâce et s'est enfuie du temple. Les deux étrangers la suivent dans sa demeure et déjà Issachar, saisi d'amour pour elle, demande au Seigneur de lui pardonner son impureté. Des envoyés du roi viennent réclamer les espions qui ont été aperçus et somment Rahab de les leur livrer. Elle les cache et les engage à repartir. Ils veulent l'emmener; elle s'y refuse, ne voulant pas abandonner son père, sa mère et ses sœurs. Issachar veut rester. Horam attendra que la jeune femme soit revenue lui dire la terreur des Chananéens devant eux. Les envoyés reparaissent, les Israélites leur échappent en se précipitant dans le Jourdain. Rahab va les imiter, mais la pensée de sa famille la retient encore. On s'empare d'elle, on l'enchaîne. Issachar, hors de lui, vient raconter son sort au camp d'Israël qui veut aller la délivrer.

Josué attend les instructions du Seigneur. L'Éternel apparaît environné de tonnerre et d'obscurité; il ordonne qu'on prenne l'arche d'alliance, les eaux s'écarteront devant elle à la traversée du Jourdain. Les lévites portent l'arche, la tribu suit en une magnifique procession. Les eaux se retirent ainsi que l'avait promis le Seigneur. Les portes de Jéricho sont fermées. Issachar, délirant de retrouver Rahab, exhale sa plainte amoureuse.

Quand l'aube blanchit, le Tout-Puissant ordonne que l'arche fasse sept fois le tour de la ville. Les sacrificateurs la précèdent en faisant retentir leurs trompettes, les murs tombent. Issachar s'élance vers la demeure de la bien-aimée. Son père lui dit que les prêtres sont venus la prendre pour la sacrifier à Baal. Le jeune homme se précipite vers le temple, brise la porte du sanctuaire fermé et voit Rahab, que les prêtres, armés du glaive, vont immoler. Il se jette sur eux. Rahab le supplie de les épargner. Elle voit de loin l'effroyable incendie de Jéricho, s'accuse d'être coupable aussi, et repousse les transports d'Issachar. Mais, le lendemain, elle consent à l'hymen. Magnificences, gloire au Seigneur.

Ce poème a été très injustement jugé médiocre, dès son apparition. Le langage biblique, dans lequel il est rendu, a bien le caractère oriental de ces pays. Les paroles, les images empruntées la plupart au Cantique des Cantiques, en ont toute la poésie et l'exaltation. Les richesses du temple de

Baal et de la pompe nuptiale de celui d'Israël ont fourni à l'auteur, ainsi que tout le poème du reste, l'occasion de les décrire avec l'emphase qu'elle employait volontiers dans ses livres et qui, cette fois, est appropriée au sujet. Car, lorsqu'on lit les lettres de Mme Cottin, au style si simple, si naturel, et pourtant si passionné parfois, on ne peut assez s'étonner que, pour aborder le roman, elle se soit crue obligée à un changement aussi complet de sa manière.

Sans doute, elle pensait devoir sacrifier au faux goût (1) de l'époque. Cette exagération dans le romanesque et son agencement puéril, cette extravagance dans la passion, étaient bien le début du romantisme; maintenant ces sentiments excessifs nous effarent. L'amour, de tout temps, a toujours été pareil, c'est la manière de l'exprimer qui diffère. Poétique ou brutal au moyen âge, délicat ou

(1) Flaubert disait : « Qu'est-ce que le mauvais goût? C'est invariablement le goût de l'époque précédente. Le mauvais goût du temps de Ronsard, c'était Marot; du temps de Boileau, c'était Ronsard; du temps de Voltaire, c'était Corneille, et c'était Voltaire du temps de Chateaubriand, que beaucoup de gens, à cette heure, commencent à trouver un peu faible. »

cruel pendant la Renaissance, solennel ou libertin durant les siècles qui ont suivi, exalté ou mélancolique au temps de lord Byron, Chateaubriand, Lamartine, il est aujourd'hui beaucoup plus simple. On aime tout autant, mais plus simplement, on se le dit plus simplement, on se le prouve... souvent trop simplement.

Aussi, notre époque peu sentimentale ne connaît-elle guère la sensibilité. Au commencement du dix-neuvième siècle tout imprégné de Jean-Jacques, on s'évertuait à ressentir sur tout, à propos de tout, et dans ses nuances les plus subtiles, cette fleur du sentiment, pour laquelle on prenait volontiers ce qui n'était que de la sensiblerie. La sensibilité vraie vient du cœur, la sensiblerie est le produit des nerfs et d'une affectation de vanité... Jean-Jacques, dont le génie était fait de l'un et de l'autre, avait aussi mis à la mode le mot *vertu*, qui revenait sans cesse dans les discours et les écrits des pourvoyeurs de la guillotine. On continuait à l'appliquer avec aussi peu de justesse, car qui dit vertu dit effort et non l'abandon aux sentiments les moins vertueux.

Dans ses romans, Mme Cottin est incontestablement sous l'influence du demi-dieu d'Ermenonville qu'elle admirait et imitait involontairement. Mais ce qui est bien à elle, ce qu'elle puise dans sa propre nature, dans ses aspirations ardentes et insatisfaites, c'est la chaleur, le feu dont elle doue ses héros et ses héroïnes, l'élan de passion qu'elle leur donne. Et, comme le cœur humain est toujours le même, c'est là le secret qui attache à elle, en dépit du style démodé de ses livres et de leurs combinaisons enfantines. On s'intéresse à son roman personnel si discret, à cause de l'adoration enthousiaste dont elle déborde, et l'on est touché, dans la suite, par tant d'abnégation dans son sacrifice.

Aussi, les Bagnérais ont-ils voulu fixer pieusement son souvenir, car c'est parmi eux qu'elle a aimé.

A la prière de son dévot admirateur, le baron de Cardaillac, un sculpteur du pays, Escoula, a fait sortir du marbre les traits charmants de celle dont la présence a illustré la ville pendant plus d'une année. Le 28 août 1910, tout Bagnères était donc réuni dans une allée ombreuse du parc des Thermes, pour l'inauguration du bas-relief qui la représente. Sous son image ont été gravées deux lignes prises dans une de ses lettres, d'un sentiment tendre tout à fait caractéristique : « C'est la récompense d'avoir su bien aimer que d'aimer de plus en plus, en avançant vers la mort. » Aussi, les poètes ont-ils tenu à la chanter et c'est toujours la femme, et la femme amoureuse, qu'ils célèbrent dans leurs vers.

L'un d'eux, M. Larribeau, professeur à Confolens, lui dit parmi ses strophes :

> Toi, tu savais aimer et te donner vraiment,
> C'est toi qu'on feuilletait aux pages de ton livre,
> Ame charmante et tendre, en proie au cher tourment
> Qui fait mourir parfois et qui pourtant fait vivre.

Un habitué de ces verdoyantes montagnes et de ces eaux bienfaisantes, Laurent Tailhade, lui dit à son tour :

> Dans un exil béni que Messidor fleuronne,
> L'amour, ton maître, et la sagesse, ta patronne,
> Te suivirent, chacun te parlant tour à tour
> Mais ton cœur affamé n'écouta que l'amour.
> Car, avant de cacher sous les funèbres toiles
> Tes yeux, tu demandais aux clémentes étoiles,
> Aux sources, aux ravins, aux bois peuplés de nids,
> Pour la dernière fois ces transports infinis,
> Et l'étreinte suprême et les baisers farouches,
> Apposés comme un scel de flamme sur ta bouche,
> Dévorants et si doux qu'on en voudrait mourir.

Mais tes chers yeux, tes yeux d'agate et de saphir,
Où parfois tressaillaient des ombres incertaines,
Tes yeux où rubanaient les herbes des fontaines,
Comme en un lac perdu sous des myosotis,
Attendirent en vain les soirs d'oaristys,
Et l'amant ne vint pas! Mais, sur les herbes mortes
La faucheuse parut et seule ouvrit la porte.
Repose désormais dans le calme vallon!
Voici l'ombre des pins, des sorbiers et des frênes,
Ton image y paraît plus calme et plus sereine,
Sous le bandeau royal de tes lourds cheveux blonds.

Un ciel de riche azur dans ta mate prunelle
Fait tomber par instant le regard du soleil :
Endors-toi d'un paisible et radieux sommeil,
O muse de l'An Deux! L'Art t'a faite éternelle.

FIN

Les éditions des œuvres de Mme Cottin sont très nombreuses. Le catalogue de la Bibliothèque Nationale en fournit une liste considérable. Celles de 1798, 1800, 1802, 1805 ont disparu, à moins qu'il ne s'en trouve dans quelque maison de campagne au plus reculé de la province, où elles avaient pénétré. En sorte qu'on ne connaît même pas le nom des premiers éditeurs. Les plus anciens volumes qu'on retrouve aujourd'hui, incomplets, dépareillés, sont de 1806, édités par Michaud seul, ou Michaud et Giguet. Il y a eu les œuvres complètes, ou des éditions de volumes séparés; la dernière est de 1896. Certaines sont précédées de notices sur l'auteur. Les romans ont été traduits en espagnol, portugais, italien, anglais. Beaucoup sont accompagnés de portraits et, en général, du buste sculpté par de Seyne, dessiné par Picon, gravé par Caron. (Le portrait placé en tête de cet ouvrage est celui du *Plutarque Français*, dans l'article d'Allissan du Chazet. La dernière image représente le bas-relief d'Escoula.)

APPENDICES

I

Henri de Caumont, duc de la Force, né en 167\, descendant de plusieurs générations dévouées à la religion réformée sous Henri III, Henri IV et Louis XIV, vit son père l'abandonner avant lui et lui-même fut converti à l'âge de treize ans. Il se signala par son zèle à ramener ses coreligionnaires au catholicisme dans la Guyenne et sur l'étendue de ses domaines. En 1700, à la tête d'un régiment de dragons, selon le fâcheux système du moment, il appuyait la persuasion par la force armée et arbitraire.

Il persécuta, à Bergerac, la famille d'un jeune homme de seize ans, nommé Jean Marteilhe, lequel chercha, comme beaucoup d'autres protestants, à gagner les Pays-Bas. Arrêté à la frontière sous le prétexte qu'il était sans passeport, il fut condamné

aux galères par ordre de Louis XIV à M. de la Vril
lière, ministre d'état, et a raconté ses souffrances dans
Les Mémoires d'un Protestant, édités en Hollande en
1725. Ce livre curieux a été réimprimé en 1865,
aux frais des Écoles protestantes du dimanche.

Michelet trouvait ces mémoires de premier ordre,
« écrits comme entre ciel et terre ». Voir aussi *La
vie aux Galères*, par Savine... éditeur Michaud.

La lettre qui suit, publiée par M. Ch. Read dans
Le Bulletin du Protestantisme Français, écrite par le duc
de la Force à M. de Pontchartrain, chancelier et
garde des sceaux, montre le désir du courtisan d'être
agréable à son maître.

« La Force, 15 octobre 1699.

« MONSIEUR,

« Les révérends pères Jésuites commencèrent
« dimanche dernier à faire leur instruction dans
« l'une des chambres du château de la Force. La
« chapelle, comme j'ai eu l'honneur de vous le
« mander, n'était pas encore en état. Il s'y trouva
« environ trois à quatre cents nouveaux convertis,
« mais, à la réserve de deux ou trois principaux, il
« n'y avait que des paysans quoique j'eusse réguliè-
« rement fait avertir tout le monde, comme vous
« avez vu, Monsieur, par la lettre que j'ai écrite
« aux curés.

« En voyant que les plus aisés des paroissiens

« négligeaient de s'y trouver, je leur envoyai lundi
« dernier à chacun un billet pour leur dire de venir
« me parler ; ils y sont venus presque tous et lorsque
« je leur ai représenté que l'intention du roi était
« qu'ils s'instruisissent et que Sa Majesté vou-
« lait qu'ils assistassent aux explications qui se font
« ici, j'en ai trouvé très peu de dociles et, quoique
« le nombre de ces principaux monte à plus de cent,
« il ne s'en est trouvé mardi que dix ou douze. Je
« ne compte point les paysans, car si cette centaine
« faisait son devoir, il est certain que tous les autres
« suivraient leur exemple et que les églises, qui sont
« présentement désertes, se trouveraient remplies.

« J'ai déjà eu l'honneur de vous dire, Monsieur,
« dans une de mes lettres, que le voisinage de Ber-
« gerac et de Sainte-Foy est d'un grand obstacle
« pour les conversions ; je l'ai expérimenté dans
« cette dernière rencontre, car plusieurs qui
« se disaient bourgeois de Bergerac et qui sont
« pourtant établis depuis longtemps dans le duché,
« quand on les presse de se faire instruire, vont y
« demeurer et se croient là comme dans une ville
« de sûreté, à l'abri de toutes les instructions
« contre lesquelles ils sont fort en garde. Mardi
« même, en ayant envoyé chercher sept ou huit
« devant que la conférence commençât, et leur
« ayant dit que le roi voulait qu'ils y assistassent,
« il y en eut quelques-uns qui balancèrent sur ce

« qu'ils avaient à faire; mais un d'entre eux
« nommé Cheissac, sieur de Fongrade, qui demeure
« depuis douze ans dans le duché de la Force, prit
« la parole pour tous en disant : Nous sommes
« bourgeois de Bergerac et, quand le roi donnera
« ses ordres à Bergerac, nous verrons ce que nous
« aurons à faire. Cette parole, dite d'un air de mu-
« tinerie, acheva de déterminer tous les autres. Il
« s'en alla et ils le suivirent, quoique un père
« Jésuite fît tout ce qu'il put pour les faire entrer.

« La conférence commença ensuite et, après une
« lecture de l'Écriture sainte et une prière en fran-
« çais, le père Dubois expliqua un point de contro-
« verse qui était la perpétuité de l'Église et demanda
« ensuite à tous les nouveaux catholiques, chacun en
« particulier, s'ils avaient quelque difficulté à pro-
« poser et de ceux qui avouèrent être convaincus
« on en fit un état en forme de procès-verbal dont
« je vous envoie la copie. Faites-moi l'honneur,
« Monsieur, de me mander ce que je ferai de l'ori-
« ginal. Je fis ensuite appeler par mon secrétaire
« tous ceux à qui j'avais écrit de s'y rendre, pour
« savoir ceux qui ne s'y étaient pas trouvés, et j'ai
« ordonné au juge d'ici d'aller chez ceux-là et de
« leur dire s'ils refusent d'aller aux conférences, la
« raison pourquoi et de dresser procès-verbal de
« leurs réponses, dont j'aurai l'honneur de vous
« envoyer copie, par le premier ordinaire.

« Mais je vous supplie, Monsieur, de me faire
« savoir comment le roi veut qu'on en use à l'égard
« de ceux qui refuseront absolument de s'y trouver
« et encore à l'égard de ceux qui, ne se contentant
« pas de n'y pas venir, empêchent les autres de s'y
« rendre, ou les raillent en leur disant des injures
« quand ils y ont été et les traitent de papistes et
« de renégats, car il est certain que l'exemple de
« ceux-là qui sont les principaux et les chefs atti-
« rera toute la population, et qu'aussi, s'ils n'y
« viennent pas, ceux même qui y assistent présente-
« ment, discontinueront de le faire. J'avais déjà eu
« l'honneur, Monsieur, de vous proposer deux
« moyens pour cela : l'un que le roi leur imposât
« quelque amende pécuniaire qui allât toujours en
« augmentant, applicable au rétablissement des
« églises détruites; l'autre que Sa Majesté leur
« envoyât quelques cavaliers qui sont en garnison
« de ceux qui sont à Bergerac, car je puis vous
« assurer, Monsieur, qu'aussitôt qu'on aura réduit
« ces principaux, il ne restera plus ici de l'hérésie.
« De plus, si le roi voulait avoir la bonté de me
« donner dans chaque paroisse deux ou trois cents
« francs de taille, pour pouvoir soulager ceux qui
« font bien leur devoir, et la rejeter sur ceux qui
« ne le font point du tout, cela serait d'un grand
« efficace et le roi n'y perdrait rien, car, comme
« ils sont presque tous ici de la religion, les syn-

« dics et les collecteurs se soulagent les uns et les
« autres par l'espérance de la représaille. J'attends
« sur tout cela les ordres du roi.

« Cependant, Monsieur, je continuerai trois fois
« la semaine à faire faire des instructions, j'y ferai
« venir ceux que je pourrai, ferai signer chaque
« point de controverse qu'on aura traité, à ceux qui
« assisteront et n'auront rien à dire contre et enfin
« généralement tout ce que je croirai pouvoir con-
« tribuer à les fortifier dans la religion catholique,
« apostolique et romaine.

« Je suis toujours très sincèrement, Monsieur,
« votre très humble et très obéissant serviteur.

« Le duc de la FORCE. »

Condamnation de Jean Marteilhe.
« Jean Marteilhe, Daniel Legras, s'étant trouvés
« sur les frontières sans passeport, Sa Majesté pré-
« tend qu'ils seront condamnés aux galères. Je
« suis, etc.

« Le marquis de la VRILLÈRE. »

Imprimés 4 1 1 1. — Mémoire pour Daniel Cottin, marchand à Saint-Quentin, tant en son nom qu'en qualité de tuteur de ses enfants, et de feue dame Esther Couillette sa femme, intimé contre M. le procureur général, appelant comme abus.

Fait.

L'intimé est originaire de Bohain près Saint-Quentin, il est fils d'un marchand qui fait un commerce considérable ; il est venu à Paris en 1698 dans le dessein de s'instruire dans le commerce et de s'y faire recevoir marchand. Il est entré chez le sieur Hugla ; son brevet d'apprentissage pour les trois années est du 7 septembre 1698. Il a demeuré pendant trois ans chez le sieur Hugla, rue des Bourdonnais. L'apprentissage fini, il a rendu service aux marchands pendant trois autres années, il a donc eu un domicile de fait à Paris, pendant six ans.

Il est vrai qu'il ne rapporte pas de preuves par écrit de ce domicile en aussi grand nombre qu'il aurait pu le faire s'il avait été à portée de prévoir qu'il dût être contesté, mais c'est un fait public. Il demeurait en 1704 chez le sieur Constant, marchand, rue de la Truanderie, paroisse Saint-Eustache, qui l'a ainsi annoncé dans une quittance finale et devant notaire, du 26 février 1707.

En 1705, il a demeuré chez le sieur Alleaume, rue des Bourdonnais, qui lui a donné un certificat et le même jour 26 février 1707.

De là, il a demeuré chez un autre marchand, rue des Prouvaires.

La foi et la probité de ces négociants ne sont point suspectes, c'était d'ailleurs un domicile nécessaire puisque, pour acquérir la qualité de marchand, il faut un apprentissage de trois ans et avait été chez les autres marchands pendant trois années.

Le 4 avril 1705, l'intimé a loué un appartement chez M. Bonnerot, procureur au Châtelet, rue de la Truanderie, moyennant vingt-six livres par an. Le bail est pour trois ans, passé devant notaires, et l'intimé y est qualifié demeurant rue des Prouvaires. Il a enfin été reçu marchand à Paris le 27 mars 1705 et depuis ce temps a été imposé à Paris à la capitation. C'est dans la même année, le 11 août 1705, qu'il a été marié dans la paroisse de Saint-Eustache avec demoiselle Esther Couillette, fille de Jacques Couillette, lieutenant de la mairie de Chauny. L'acte de célébration doit être ici transcrit en entier.

*Extrait du registre des mariages
faits dans l'église paroissiale de Saint-Eustache à Paris.*

« Du Mardy 11 aout 1705, après les fiançailles
« faites hier au ban public en cette église, sans oppo-
« sition contre, le 6 de ce mois, dispense des deux
« autres bans non publiés, obtenue de S. E. l'Ar-
« chevêque de Paris en date du 3 de ce mois et
« insinuée le 4 du dit mois; autre dispense de
« parenté, du 4ᵉ degré entre les parties cy après
« nommé, obtenue de Notre S. P. le Pape Clé-
« ment XI, le 5 des ides de Juin dernier, fulminée
« par le Sieur Le Normand Notre Docteur de Sor-
« bonne Official de Paris le 8 de ce présent mois,
« insinuée le même jour. Nous avons marié Daniel
« Cottin, marchand bourgeois de Paris, fils de
« Daniel Cottin et de Magdeleine Agombert, demeu-
« rant rue de la Truanderie et Anne Esther Couil-
« lette, fille de Jacques Couillette receveur de l'Ab-
« baye Royalle de Royaumont et de Marthe Cottin,
« demeurant rue des Prouvaires, tous deux nos pa-
« roissiens, en présence du père du marié, de Jean
« Cottin, son frère et de M. Jacques le Serrurier
« l'avocat au Parlement, demeurant rue de Betisy,
« son cousin et J.-J. Constant marchand bourgeois
« de Paris demeurant susdite rue de la Truanderie,
« son al   cy devant son hôte et encore en pré-

« sence du père de la dite mariée et de sa mère, de
« Jacques Couillette marchand à Rouen, son frère,
« de Noël Petit marchand bourgeois de Paris,
« demeurant rue Saint-Martin paroisse Saint-Nico-
« las des Champs, son ami, tous lesquels témoins
« tant de part que d'autre après avoir représenté
« l'édit du mois de Mars 1697 et les peines y con-
« tenues qu'ils ont dit tous bien scavoir, nous ont
« tous certifié du domicile des deux parties sur
« cette paroisse, depuis plus de 6 mois de ce dio-
« cèse depuis plus d'un an et ont signé, collationné
« à l'original par moy prêtre docteur en théologie
« de la faculté de Paris, Vicaire en la dite église le
« 12 Octobre 1705.

« Signé : DELAMET. »

On voit par cet extrait que les pères et mères des
parties et les parents ont assisté à la bénédiction
et ont certifié le domicile à Paris.

La demoiselle Couillette était pareillement demeurant à Paris ; elle avait passé quelques années dans
la communauté des Nouvelles Catholiques à Noyon
le 18 avril 1705 ; il lui avait été fait bail par notaire
d'un appartement rue des Prouvaires et il paraît
qu'elle y demeurait avant le bail. Le bail est de
cinq mois antérieur au mariage.

Depuis, le mari et la femme ont continué jusques

1706 à demeurer à Paris et y ont été imposés à la capitation.

En 1706 ils ont conçu le dessein de transférer leur domicile à Saint-Quentin.

Feu M. d'Aubigné, évêque de Noyon, avait destiné la demoiselle Couillette à un autre mariage, il prétendait que c'était à lui de lui choisir un mari parce qu'elle était nouvellement catholique.

Il ne put dissimuler son chagrin quand il apprit qu'elle avait épousé l'intimé. Les deux époux arrivés à Saint-Quentin, l'évêque les alarma sur leur état, leur faisant entendre qu'ils n'avaient pu se marier valablement à Paris. Pourtant le mariage était paisible concordant les deux familles de bonne foi. Tout ce qu'aurait pu faire l'évêque au cas où le domicile à Paris n'ait pas été certain, était de leur enjoindre de réhabiliter leur mariage.

M. d'Ormesson, commissaire départi dans la province, voulut bien s'entremettre, le fait est prouvé par une lettre de M. d'Ormesson au sieur Couillette, beau-père de l'intimé.

« *Soissons*. — Ce 14 Janvier 1706, M. de Noyon
« m'a fait réponse, Monsieur, et témoigne qu'il sera
« content lorsque vous aurez fait faire 3 publi-
« cations de bans à Chauny, à Bohain et à Saint-
« Quentin et qu'ensuite vos jeunes mariés reçoivent
« une deuxième fois la bénédiction nuptiale par le

« curé de Saint-Quentin où ils sont résidents. Je
« vous exhorte à satisfaire incessamment aux inten-
« tions de Mr de Noyon et au règles de l'Église;
« c'est à vous à prendre toutes les précautions
« nécessaires pour que le tout se fasse sans beau-
« coup d'éclat. Je suis Monsieur tout à vous. »

« Après cela, l'intimé ne crut rien risquer en se
« soumettant à ce que voulait l'évêque de Noyon,
« il fit publier les trois bans. Mais l'évêque défen-
« dit au curé de donner la bénédiction nuptiale.
« Ce fait sera prouvé.

« L'intimé ne pouvant vaincre le refus de l'évêque
« prit le parti de s'en tenir à son mariage et d'en
« soutenir la validité.

« Sa femme accoucha d'un fils en juin 1706. Le
« curé de Saint-Jacques de Saint-Quentin donne à
« l'enfant sur le registre la qualité de *fils illégitime*
« de Daniel Cottin et d'Anne-Esther Couillette. Le
« parrain (l'aïeul maternel) se récrie; le curé
« répond que ce qui prouve l'invalidité du mariage
« c'est qu'il a publié des bans et depuis il n'y a
« point eu de bénédiction nuptiale. Le parrain se
« retire sans signer.

« Contestation en la prévôté de Saint-Quentin,
« où le curé est désigné pour être condamné à
« rayer : *fils illégitime.*

« Le curé se défend, offre de faire le changement
« après que les parties se seront retirées devers

« M. de Noyon pour de son autorité faire subsister
« le mariage, rapporter l'acte ou la permission de
« passer outre au nouveau mariage.

« Sur cette contestation, il y a sentence en la
« prévôté qui ordonne la réformation du registre,
« le curé condamné aux dépens.

« Le curé appelle au bailli de Saint-Quentin.

« C'est alors que l'évêque de Noyon a excité le
« ministère du procureur général, mais ce n'était
« plus dans l'année de la célébration du mariage,
« ce qui opéra la fin de non-recevoir.

« La cause, portée au bailliage sur l'appel, le
« substitut du procureur général, a interjetté appel
« comme d'abus du mariage célébré à Paris, sur
« quoi sentence du 10 janvier 1707 qui donne acte
« que l'appel comme d'abus et ordonne que les
« parties se pourvoieront à la cour.

« Au cours de ces procédures, la femme de l'in-
« timé est accouchée d'un deuxième enfant.

« Elle est morte en décembre 1707, après avoir
« reçu les sacrements.

« L'intimé, en qualité de tuteur de ses enfants, a
« repris l'instance de l'appel comme d'abus, son inté-
« rêt personnel est joint à celui de ses enfants. Les
« deux familles interviennent pour soutenir leur état.

« Suit la discussion juridique de l'appel.

« *Signé :* H. GUILLET DE BLARU, *avocat.* »

Le Cottin passé en Angleterre doit être celui qui est cité dans un article ayant pour titre : *Family of Cottin* du *Genealogist,* périodique anglais de 1907 et qui a pour auteur un parent éloigné, M. Keith W. Murray.

« 1705. — Le 24 décembre, baptisé par le vicaire « de Saint-Jacques, Jean-Josias, fils de Daniel Cottin « commerçant de cette ville (Saint-Quentin) et de « Élisabeth Bech, sa femme, né le même jour.

Ce Cottin fut sans doute le Josias Cottin, naturalisé anglais en 1735. Il mourut le 6 février 1776, à l'âge de soixante ans, et fut enterré à Tottenham, comté de Middlessex. Il a eu une brillante descendance.

Le père de Jean-Josias était ce Daniel Cottin qui eut les difficultés citées plus haut.

De sa première femme Esther Couillette, il avait eu deux enfants, dont le second John Daniel Cottin, né en 1707, a été naturalisé anglais en 1739, par Georges III. »

Voir à la Bibliothèque Nationale, aux imprimés 4111, le mémoire ci-dessus.

III

M. Jean Cottin a été nommé directeur de la Compagnie des Indes, par arrêt du Conseil d'État du 28 janvier 1759, ainsi qu'il résulte de l'extrait suivant :

« Cottin (deuxième branche premier degré).
« Noble Jean Cottin, écuyer, cousin germain de
« noble Henri Daniel Cottin, né à Saint-Quentin le
« 18 septembre 1709, fut nommé directeur de la
« Compagnie des Indes par arrêté, en 1759, sur la
« réputation qu'il s'était faite dans le commerce et
« qui lui a mérité au mois de juillet des lettres
« patentes d'annoblissement qui ont été enregistrées
« en chambre des Comptes etc...

« Il avait épousé, en premières noces, demoiselle
« Louise Aimée Fromaget, fille de Vincent Froma-
« get, écuyer, aussi directeur de la Compagnie des
« Indes. Il en a eu deux enfants.

« 1. Jean-Louis Cottin.

« 2. Noble Jean Cottin de la Thuillerie, capi-
« taine grand exempt français de la Compagnie des
« Cent Gardes Suisses, de la garde ordinaire du roi.

« Noble Jean-Louis Cottin écuyer, né le 6 sep-
« tembre 1735, épousa, le 15 janvier 1755, demoi-
« selle Jeanne Catherine Girardot. De ce mariage
« est né Jean-Paul-Marie Cottin, écuyer etc. »

Armorial général d'Hozier, page 63 du registre 6ᵉ Paris typ.
Firmin Did. frère et fils, fac-simile de l'édition originale à Paris de
l'imprimerie Prault, quai de Gèvres au Paradis — MDCCLXVIII —
qui est à la Bibliothèque Nationale, département des Imprimés.

IV

*Extrait du procès-verbal de l'Assemblée Nationale
20 septembre 1791.*

Un membre a représenté que les sieurs Jauge et
Cottin, citoyens de Paris et Bordeaux, avaient ensemble ou séparément rendu des services importants
à diverses époques de la Révolution. Qu'en 1789,
quand la disette se faisait sentir, ils ont ouvert sur
leur maison de commerce un crédit de 600 000 francs
à la municipalité de Paris, qu'ils ont escompté pour
297 000 francs de billets donnés aux ci-devant
gardes françaises pour l'acquisition des casernes et
autres objets appartenant à cette troupe; qu'ils ren-
dirent ainsi la plus grande confiance et la circula-
tion la plus facile à ces billets, qui n'étaient reçus
qu'avec une perte considérable; enfin qu'ils ont
fourni aussi, sans intérêt et sans commission, dix
mille livres sterling de traites sur l'Angleterre à
l'effet de payer des farines dont la France avait le
plus urgent besoin et que le gouvernement était

alors dans l’impossibilité de payer. Que le sieur
Jauge, en qualité de premier aide-de-camp ayant
rang d’aide-major général de la Garde Nationale
parisienne, avait servi avec le plus grand zèle dans
toutes les circonstances difficiles depuis le mois de
juillet 1789. — Que le plus grand moyen de mul-
tiplier les vertus et les actes civiques est de témoigner la reconnaissance publique aux citoyens qui
ont bien mérité de la Patrie.

Ce membre a demandé qu’il fût fait, dans le
procès-verbal, une mention honorable des services rendus par les sieurs Jauge et Cottin, et que
le président de l’Assemblée fût chargé d’écrire,
au sieur Jauge, une lettre pour lui témoigner la
satisfaction de l’Assemblée sur la manière dont
lui et le sieur Cottin se sont comportés depuis
le commencement de la Révolution. La motion,
mise aux voix, a été adoptée et décrétée en ces
termes :

« L’Assemblée Nationale décrète qu’il sera fait
« une mention honorable dans le procès-verbal des
« services rendus par les sieurs Jauge et Cottin
« dans le cours de la Révolution ; et que le Président
« écrira au sieur Jauge pour lui témoigner que l’As-
« semblée Nationale est satisfaite des services que
« lui et le sieur Cottin ont rendus à la chose
« publique depuis le commencement de la Révo-
« lution. »

Copie de la lettre du Président de l'Assemblée Nationale à M. Jauge.

« 30 septembre 1791.

« L'Assemblée Nationale, Monsieur, a entendu
« avec sensibilité les détails qui lui ont été
« présentés, des services importants que vous
« et M. Cottin avez rendus à la chose publique
« depuis le commencement de la Révolution. Si
« quelquefois le récit d'événements désastreux
« a fait naître dans l'Assemblée Nationale le
« silence de la douleur, souvent aussi le tableau
« des scènes consolantes pour les amis de l'hu-
« manité a excité de vifs applaudissements. Plu-
« sieurs citoyens vrais amis de la liberté ont
« déployé tout le courage et toute l'énergie que
« le patriotisme seul peut donner pour prévenir et
« pour adoucir les maux inséparables d'une grande
« révolution. Votre nom, Monsieur, et celui de
« M. Cottin seront toujours cités avec avantage
« parmi ceux des Français qui dans ces temps
« difficiles se sont distingués par leur zèle et
« leur dévouement civiques; ils sont voués à
« la reconnaissance de vos concitoyens et de la
« postérité qui n'apprendra pas sans être touchée,
« que dans les circonstances les plus orageuses,
« tout ce qui était à vous, tout ce que vous aviez
« de plus cher, votre temps, votre fortune et

« votre vie, étaient à la Patrie. L'Assemblée Natio-
« nale me charge de vous en exprimer sa satis-
« faction.

« *Le Président de l'Assemblée Nationale :*

« THOURET. »

V

Julie Verdier de la Carbonnière, née Venès, eut trois filles :

Delphine, l'aînée, épousa le baron de Clarac, un voisin de Lot-et-Garonne.

Mathilde, la plus jeune, épousa Amédée Jauge, fils de Théodore Jauge et de Marguerite Cottin.

Hélène Jauge, leur fille, épousa Auguste Harlé, artiste peintre. Ils eurent trois fils dont le commandant Harlé (Louis), auquel nous devons ces précisions de famille et maints documents pour cet ouvrage.

Élisa, la cadette, devint la femme de Théodore Jauge, frère d'Amédée. La bénédiction nuptiale leur fut donnée à Paris par le pasteur Chenevière. Cécile Jauge, leur fille, épousa Amédée Bouffé. Cécile Bouffé, qui se maria en 1859 avec Charles Vincens, n'était autre qu'*Arvècle Barine*, dont le distingué talent, s'est employé un des premiers aux recherches historiques qui ont tant de succès en ce moment. Elle a laissé un fils, Ernest Vincens, ingénieur.

VI

Michaud, Savoisien venu à Paris en 1790, écrivit d'abord des poésies déclamatoires républicaines sur la Déclaration des droits de l'homme, l'Immortalité de l'âme, etc. Il fonda le journal *la Quotidienne* et fut condamné à mort en 1795 pour les doctrines royalistes qu'il y professait. Il parvint à se soustraire à l'exécution de ce décret, qui fut rapporté l'année suivante. Nommé académicien sous l'Empire, sa gratitude bonapartiste lui fit célébrer en vers le mariage de l'Empereur et la naissance du roi de Rome. Mais, s'étant mêlé à des intrigues royalistes en 1813, il fut encore poursuivi, puis amnistié. Sous la Restauration, il fut nommé censeur des journaux et directeur de *la Quotidienne*.

Il a écrit l'*Histoire des Croisades* (5 vol.), la *Bibliothèque des Croisades* (4 vol.), une *Correspondance d'Orient*, l'*Histoire de l'empire de Mysore*, et a publié avec Poujoulat des *Mémoires pour servir à l'histoire de France depuis le treizième siècle*. Enfin il est le fondateur de la *Biographie universelle* et de l'*Institut historique*.

VII

Amédée de Pastoret, dont le frère Maurice était
mort à dix-sept ans, avait composé dans sa jeunesse un poème assez médiocre intitulé *les Troubadours* et un autre *les Normands en Italie*, qui ne
paraît pas lui avoir été supérieur. Il fut conseiller
d'État sous la Restauration et sénateur sous le
second Empire, malgré que le comte de Chambord
l'eût fait administrateur de ses biens. Il a laissé le
souvenir d'un esprit distingué.

PARIS. — TYP. PLON-NOURRIT ET Cⁱᵉ, 8, RUE GARANCIÈRE. — 19206.